INTELIGENCIA ARTIFICIAL EN VENTAS

ÍNDICE

1. Introducción: Bienvenido a la Era de la Inteligencia Artificial en Ventas
   - Storytelling: Un vendedor tradicional que transforma su forma de trabajar con IA.
   - Qué aprenderás en este libro.
   - Cómo la IA está redefiniendo las ventas.

2. Fundamentos de la Inteligencia Artificial
   - ¿Qué es la IA? Desmitificando el término.
   - Cómo funciona y por qué es relevante para las ventas.
   - Casos de éxito en ventas potenciadas por IA.

3. El Proceso Tradicional de Ventas: Un Desglose
   - Las etapas del proceso B2B tradicional.
   - Identificación de puntos clave para optimización.

4. Herramientas de IA en Cada Etapa del Proceso de Ventas
   - Prospección: Identificando clientes ideales.
   - Calificación: IA para analizar y segmentar leads.
   - Presentación: Personalización con datos de IA.
   - Negociación: Asistencia y análisis en tiempo real.
   - Cierre: Predicción de resultados con IA.
   - Seguimiento: Fidelización inteligente.

5. Cómo Elegir la Herramienta Correcta
   - Evaluación de necesidades específicas.

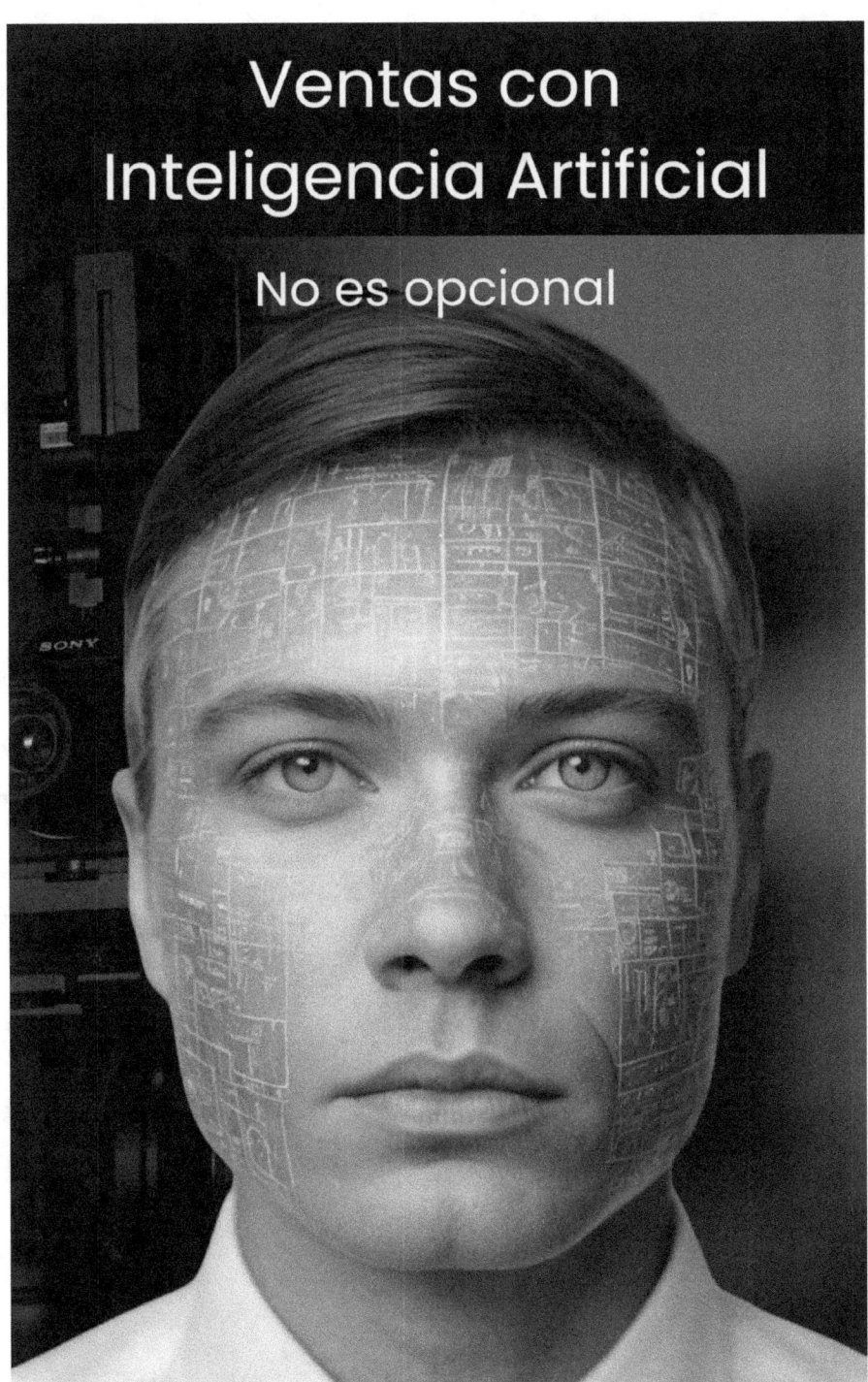

- Ejemplos de herramientas populares: Salesforce AI, Gong.io, HubSpot, entre otras.
- Cuándo invertir y cómo justificarlo.

6. Preparando a tu Equipo para la Transformación
   - Cambios de mentalidad necesarios.
   - Entrenamiento y adaptación a nuevas tecnologías.
   - Manejo de resistencia al cambio.

7. Implementando la IA en tu Estrategia de Ventas
   - Creando un plan paso a paso.
   - Métricas para evaluar el impacto.
   - Ajustes y mejoras continuas.

8. Errores Comunes y Cómo Evitarlos
   - Casos reales de implementación fallida.
   - Soluciones prácticas para superar obstáculos.

9. El Futuro de la IA en Ventas
   - Tendencias emergentes.
   - Cómo prepararte para lo que viene.

10. Conclusión: Tu Transformación como Líder en Ventas
    - Reflexión final.
    - Ejercicios para continuar desarrollando tus habilidades.

11. Recursos Adicionales
    - Lista de lecturas recomendadas.
    - Herramientas y comunidades para profundizar en la IA.

CAPÍTULO 1: BIENVENIDO A LA ERA DE LA INTELIGENCIA ARTIFICIAL EN VENTAS

STORYTELLING: EL CAMBIO DE JUAN, EL VENDEDOR TRADICIONAL

Juan llevaba 15 años trabajando como vendedor B2B. Era experto en construir relaciones personales y cerrar negocios cara a cara. Sin embargo, los tiempos cambiaban: sus competidores comenzaron a usar herramientas tecnológicas que les daban una ventaja significativa. Juan se dio cuenta de que debía adaptarse o arriesgarse a quedarse atrás.

Un día, su gerente le presentó un sistema de inteligencia artificial diseñado para automatizar tareas tediosas como la clasificación de leads y el seguimiento postventa. Aunque al principio estaba escéptico, pronto descubrió que la IA no solo le ahorraba tiempo, sino que le daba insights valiosos sobre sus clientes. En pocos meses, Juan había duplicado sus ventas y reducido el tiempo que dedicaba a tareas administrativas.

¿POR QUÉ ESTE LIBRO ES IMPORTANTE?

La IA está transformando las ventas de formas que eran inimaginables hace una década. Las empresas que adoptan estas herramientas están viendo aumentos significativos en su productividad, precisión en la segmentación y éxito en los cierres. Este libro no solo te enseñará a entender la IA, sino a usarla para transformar tu enfoque y habilidades de ventas.

QUÉ APRENDERÁS EN ESTE LIBRO

- Cómo la IA puede integrarse en cada etapa del proceso de ventas.
- Herramientas prácticas que ya están disponibles y cómo elegir las mejores para tus necesidades.
- Estrategias para superar la resistencia al cambio y liderar una transformación tecnológica en tu equipo.

¿QUÉ ES LA INTELIGENCIA ARTIFICIAL Y POR QUÉ IMPORTA?

La inteligencia artificial, o IA, se refiere a sistemas diseñados para realizar tareas que normalmente requieren inteligencia humana. En ventas, esto incluye:
- Analizar grandes cantidades de datos para identificar patrones y tendencias.
- Automatizar tareas repetitivas como la clasificación de leads.
- Ayudar a personalizar el enfoque hacia los clientes.

En un entorno competitivo, la IA no solo te hace más eficiente; te permite entender mejor a tus clientes y anticiparte a sus necesidades.

EL IMPACTO DE LA IA EN LAS VENTAS

Los beneficios de la IA en las ventas van mucho más allá de la automatización. Estas son algunas de las áreas clave donde la IA está marcando la diferencia:

1. Mayor Productividad: Herramientas como chatbots y asistentes virtuales liberan a los vendedores de tareas repetitivas.
2. Análisis Predictivo: Con algoritmos avanzados, puedes predecir qué leads tienen más probabilidades de convertirse en clientes.
3. Personalización: Al analizar los datos de los clientes, la IA permite diseñar presentaciones y ofertas más relevantes.

EL MOMENTO DE ACTUAR ES AHORA

Las empresas que adoptan la IA temprano están liderando en sus sectores. Este libro te dará una hoja de ruta clara para aprovechar esta tecnología y colocarte a la vanguardia.

REFLEXIÓN INICIAL

1. ¿Qué tareas en tu proceso de ventas actual podrían ser optimizadas con tecnología?
2. ¿Cómo te sentirías al dejar que la IA asuma parte del trabajo que realizas manualmente?

CAPÍTULO 2: FUNDAMENTOS DE LA INTELIGENCIA ARTIFICIAL

Storytelling: La Primera Impresión de Ana

Ana era directora de ventas en una mediana empresa tecnológica. Durante años había liderado a su equipo con estrategias basadas en su intuición y experiencia. Pero en una conferencia reciente escuchó una charla sobre cómo la IA estaba revolucionando las ventas. Intrigada, decidió profundizar en el tema. Sin embargo, al enfrentarse a términos como "machine learning" y "algoritmos predictivos", se sintió abrumada. ¿Cómo podía integrar algo tan complejo en su departamento?

Con paciencia, Ana aprendió que entender los fundamentos de la IA no era tan complicado como parecía. Al final, no solo dominó los conceptos, sino que los aplicó para duplicar la eficiencia de su equipo en menos de un año.

¿QUÉ ES LA INTELIGENCIA ARTIFICIAL?

La inteligencia artificial (IA) se refiere a sistemas tecnológicos diseñados para realizar tareas que típicamente requieren inteligencia humana, como aprender, razonar y tomar decisiones. Aunque a menudo se asocia con robots futuristas, la IA ya está presente en nuestras vidas diarias en formas más sutiles:

- Recomendaciones de productos en plataformas como Amazon.
- Motores de búsqueda como Google que predicen lo que estás buscando.
- Chatbots que responden preguntas en sitios web.

En el mundo de las ventas, la IA está transformando tareas que solían ser manuales y costosas en procesos automáticos y altamente efectivos.

LOS COMPONENTES CLAVE DE LA IA

Para comprender cómo funciona la IA en las ventas, es importante conocer algunos conceptos básicos:

1. Machine Learning (Aprendizaje Automático)
   - Sistemas que aprenden y mejoran automáticamente a partir de datos sin ser programados explícitamente.
   - Ejemplo: Un sistema que analiza el historial de ventas y recomienda qué clientes tienen más probabilidades de comprar.
2. Procesamiento de Lenguaje Natural (NLP)
   - Tecnología que permite a las máquinas entender y responder al lenguaje humano.
   - Ejemplo: Chatbots que pueden responder preguntas de clientes en tiempo real.
3. Análisis Predictivo
   - Uso de datos históricos para predecir resultados futuros.
   - Ejemplo: Identificar cuáles leads son más prometedores basándose en patrones de comportamiento.
4. Automatización Robótica de Procesos (RPA)
   - Herramientas que automatizan tareas repetitivas.
   - Ejemplo: Enviar correos de seguimiento automáticamente después de una reunión.

BENEFICIOS DE LA IA EN VENTAS

La IA no solo mejora la eficiencia, sino que también permite a los equipos de ventas centrarse en lo que realmente importa: construir relaciones. Algunos de los principales beneficios incluyen:

- Ahorro de tiempo: Automatización de tareas como la clasificación de leads.
- Decisiones basadas en datos: Insights en tiempo real para ajustar estrategias.
- Mejor enfoque hacia el cliente: Personalización de ofertas y mensajes.

DESMITIFICANDO MITOS SOBRE LA IA

Muchas personas sienten temor o confusión al oír hablar de inteligencia artificial. Es importante aclarar algunos conceptos erróneos:

- "La IA reemplazará a los vendedores": La IA complementa a los vendedores al automatizar tareas, pero no puede replicar habilidades humanas como la empatía y la negociación.
- "Es demasiado cara para implementarla": Existen herramientas accesibles para empresas de todos los tamaños.
- "Es demasiado compleja para entenderla": La mayoría de las herramientas modernas están diseñadas para ser fáciles de usar.

CÓMO LA IA ESTÁ IMPACTANDO EL MUNDO B2B

En las ventas B2B, la IA ya está generando resultados significativos:
- Identificación más rápida de prospectos de alta calidad.
- Reducción del ciclo de ventas gracias a la personalización.
- Mayor retención de clientes mediante análisis predictivos.

MACHINE LEARNING (APRENDIZAJE AUTOMÁTICO): UNA INTRODUCCIÓN DETALLADA

¿QUÉ ES EL MACHINE LEARNING?

El Machine Learning (ML), o Aprendizaje Automático, es un campo de la inteligencia artificial que permite a los sistemas aprender de los datos y mejorar su rendimiento en tareas específicas sin necesidad de ser programados explícitamente para cada caso. En lugar de seguir instrucciones predefinidas, estos sistemas identifican patrones, hacen predicciones y ajustan su comportamiento en función de la experiencia adquirida a través de los datos.

¿CÓMO FUNCIONA EL MACHINE LEARNING?

El ML se basa en modelos matemáticos y estadísticos que procesan datos para:
1. Entrenar el Modelo: Se utiliza un conjunto de datos inicial para enseñar al sistema cómo funciona un problema específico.
2. Identificar Patrones: El sistema encuentra correlaciones y relaciones dentro de los datos.
3. Hacer Predicciones: Una vez entrenado, el sistema aplica lo aprendido para predecir resultados en nuevos datos.
4. Mejorar Continuamente: A medida que se incorporan nuevos datos, el modelo refina sus predicciones y se vuelve más preciso.

COMPONENTES PRINCIPALES DEL MACHINE LEARNING

1. Datos: El núcleo del ML. Los datos pueden ser históricos de ventas, interacciones con clientes, patrones de compra, etc.
2. Modelo: Un algoritmo que interpreta los datos y genera predicciones o clasificaciones.
3. Entrenamiento: El proceso de alimentar datos al modelo para que aprenda.
4. Evaluación: Medir la precisión del modelo para ajustarlo si es necesario.
5. Predicción: Usar el modelo entrenado para realizar análisis y predicciones en tiempo real.

TIPOS DE MACHINE LEARNING

1. Aprendizaje Supervisado:
- Se entrena el modelo con datos etiquetados (por ejemplo, ventas exitosas frente a no exitosas).
- Ejemplo: Predecir qué clientes son más propensos a comprar basándose en características específicas (industria, tamaño de la empresa, comportamiento de compra pasado).

2. Aprendizaje No Supervisado:
- El sistema busca patrones en datos no etiquetados.
- Ejemplo: Identificar segmentos de clientes con comportamientos similares para personalizar estrategias de marketing.

3. Aprendizaje por Refuerzo:
- El sistema aprende a tomar decisiones a través de prueba y error.
- Ejemplo: Un chatbot que mejora sus respuestas en función de interacciones previas con clientes.

APLICACIÓN PRÁCTICA EN VENTAS: UN CASO DE USO

PROBLEMA:

Un equipo de ventas B2B necesita priorizar clientes potenciales porque su base de datos contiene miles de leads y no pueden dedicar tiempo a todos.

SOLUCIÓN CON MACHINE LEARNING:

1. Entrenamiento:
   - Se alimentan al sistema datos históricos como:
     - Leads que se convirtieron en ventas exitosas.
     - Interacciones fallidas.
     - Tiempo promedio hasta el cierre.
   - Estos datos están etiquetados, indicando si un lead se convirtió o no en cliente.
2. Identificación de Patrones:
   - El sistema identifica características comunes en los leads exitosos (por ejemplo, empresas de cierto sector o tamaño).
3. Predicción:
   - El modelo analiza nuevos leads y asigna un puntaje basado en su probabilidad de conversión.
   - Ejemplo: Un lead con un puntaje del 85% tiene alta probabilidad de cerrar una venta, mientras que uno con 40% podría no ser prioritario.
4. Resultados:
   - El equipo de ventas prioriza leads con altas probabilidades, ahorrando tiempo y aumentando la tasa de conversión.

BENEFICIOS DEL MACHINE LEARNING EN VENTAS

1. Priorización Eficiente:
   - Ayuda a los vendedores a enfocar sus esfuerzos en los clientes con mayores probabilidades de conversión.
2. Predicciones Personalizadas:
   - Permite diseñar estrategias específicas basadas en el comportamiento y las necesidades de cada cliente.
3. Ajustes Dinámicos:
   - A medida que cambian los datos, el sistema ajusta sus predicciones automáticamente.
4. Reducción de Errores Humanos:
   - Minimiza la subjetividad al evaluar clientes potenciales, basándose en datos objetivos.

EJEMPLO EN LA PRÁCTICA:

Una plataforma como Salesforce Einstein utiliza Machine Learning para:
- Analizar el historial de interacciones de los vendedores con los clientes.
- Sugerir el mejor momento para contactar a un lead.
- Predecir qué productos podrían interesar a un cliente basado en compras anteriores.

RETOS DEL MACHINE LEARNING

1. Calidad de los Datos:
o   Los modelos son tan buenos como los datos que reciben. Datos incompletos o sesgados pueden afectar las predicciones.
2. Curva de Aprendizaje:
o   Aunque las herramientas son cada vez más accesibles, comprender cómo configurarlas correctamente requiere tiempo y formación.
3. Adaptación al Cambio:
o   Los modelos necesitan ser actualizados constantemente para seguir siendo relevantes en mercados dinámicos.

CONCLUSIÓN

El Machine Learning es una herramienta poderosa que permite a los equipos de ventas tomar decisiones basadas en datos y optimizar sus esfuerzos. Al priorizar leads, personalizar estrategias y mejorar continuamente, los sistemas de ML ayudan a los vendedores a cerrar más tratos y a trabajar de manera más inteligente. Adopta esta tecnología para transformar la manera en que abordas las ventas y mantenerte competitivo en un mercado impulsado por la tecnología.

PROCESAMIENTO DE LENGUAJE NATURAL (NLP):

¿QUÉ ES EL PROCESAMIENTO DE LENGUAJE NATURAL (NLP)?

El Procesamiento de Lenguaje Natural (NLP, por sus siglas en inglés) es una rama de la inteligencia artificial que permite a las computadoras entender, interpretar y responder al lenguaje humano, ya sea hablado o escrito. En otras palabras, el NLP hace que las máquinas puedan "conversar" contigo de una forma que tenga sentido.

¿CÓMO FUNCIONA EL NLP?

Las computadoras no entienden las palabras como nosotros. Para ellas, todo son números y códigos. El NLP convierte nuestras palabras en un lenguaje que las máquinas pueden procesar y entender.

Luego, las máquinas analizan esas palabras y determinan qué respuesta es más adecuada basándose en patrones y datos que han aprendido.

EJEMPLO SENCILLO: UN CHATBOT DE SERVICIO AL CLIENTE

1. Pregunta del Cliente: "¿Dónde está mi pedido?"
2. Lo que Hace el NLP:
   - Reconoce palabras clave como "pedido" y "dónde".
   - Busca en la base de datos la información del cliente y del pedido.
3. Respuesta del Chatbot: "Tu pedido llegará mañana a las 3 p.m."

¿DÓNDE USAMOS EL NLP A DIARIO?

- Asistentes Virtuales: Como Alexa, Siri o Google Assistant, que entienden comandos de voz como "¿Qué clima hará mañana?".
- Traducción Automática: Herramientas como Google Translate, que convierten textos de un idioma a otro.
- Motores de Búsqueda: Google usa NLP para entender lo que estás buscando incluso si no escribes la frase exacta.

BENEFICIOS DEL NLP EN VENTAS Y ATENCIÓN AL CLIENTE

1. Respuestas Rápidas y Consistentes:
   - Chatbots que responden preguntas comunes en segundos, sin hacer esperar a los clientes.
2. Soporte 24/7:
   - Los sistemas basados en NLP están disponibles en cualquier momento, incluso fuera del horario laboral.
3. Personalización:
   - Analizan las preguntas y ofrecen respuestas adaptadas al contexto del cliente.
4. Ahorro de Tiempo:
   - Liberan al equipo de atención al cliente para que se concentre en problemas más complejos.

EJEMPLO PRÁCTICO EN VENTAS:

Un chatbot impulsado por NLP puede:
1. Responder preguntas básicas como precios y disponibilidad de productos.
2. Ofrecer recomendaciones personalizadas basándose en el historial del cliente.
3. Programar una llamada con un representante de ventas si el cliente lo solicita.

RETOS DEL NLP

1. Entender el Contexto:
   - A veces, las máquinas tienen problemas para comprender sarcasmos, modismos o frases ambiguas.
   - Por ejemplo, "Es tan bueno que no lo quiero devolver" puede confundir al sistema.
2. Entrenamiento Constante:
   - Los sistemas de NLP necesitan aprender continuamente de nuevos datos para mejorar sus respuestas.
3. Idioma y Cultura:
   - Algunos sistemas pueden tener dificultades con idiomas menos comunes o diferencias culturales en cómo se expresan las personas.

CONCLUSIÓN

El Procesamiento de Lenguaje Natural hace que las interacciones con máquinas sean más humanas, permitiendo que herramientas como chatbots y asistentes virtuales sean útiles en ventas y atención al cliente. Con NLP, las empresas pueden brindar respuestas rápidas, personalizadas y disponibles las 24 horas, mejorando la experiencia del cliente y optimizando los recursos del equipo. Es una tecnología que no solo resuelve problemas, sino que lo hace de una forma fácil y accesible para los usuarios.

ANÁLISIS PREDICTIVO: EXPLICADO PARA TODOS

¿QUÉ ES EL ANÁLISIS PREDICTIVO?

El análisis predictivo es como tener una "bola de cristal" que usa datos del pasado para adivinar lo que podría pasar en el futuro. En lugar de magia, utiliza matemáticas y tecnología para encontrar patrones en los datos y hacer predicciones sobre lo que podría suceder.

¿CÓMO FUNCIONA?

1. Recolectar Datos:
   - Todo empieza con datos históricos, como registros de ventas, compras pasadas, interacciones de clientes, etc.
   - Ejemplo: Un negocio guarda información de clientes que compraron y de los que no lo hicieron.
2. Encontrar Patrones:
   - El sistema analiza esos datos para encontrar patrones comunes.
   - Ejemplo: Descubre que los clientes que abren tres correos promocionales en una semana tienen más probabilidades de comprar.
3. Hacer Predicciones:
   - Con los patrones identificados, el sistema predice qué podría suceder en el futuro.
   - Ejemplo: Determina que un cliente que ha visitado tu página de precios y descargado una guía de producto tiene un 80% de probabilidad de convertirse en comprador.
4. Tomar Decisiones:
   - Las predicciones ayudan a los vendedores o equipos a tomar mejores decisiones basadas en datos en lugar de suposiciones.
   - Ejemplo: Decidir contactar primero a los clientes con mayores probabilidades de comprar.

EJEMPLO PRÁCTICO: CÓMO AYUDA EN VENTAS

- Sin Análisis Predictivo:
  Un vendedor llama a todos los clientes en su lista, sin saber quién realmente está interesado en comprar. Esto toma mucho tiempo y esfuerzo.
- Con Análisis Predictivo:
  El sistema analiza datos como visitas al sitio web, aperturas de correos y descargas de material, y crea una lista priorizada de los clientes más prometedores. El vendedor llama primero a estos clientes, ahorrando tiempo y aumentando las ventas.

BENEFICIOS DEL ANÁLISIS PREDICTIVO

1. Priorización de Clientes:
- Ayuda a los equipos de ventas a enfocarse en los clientes con más probabilidades de comprar.
2. Mejor Personalización:
- Permite ajustar los mensajes y estrategias según el comportamiento y las necesidades del cliente.
3. Ahorro de Tiempo y Recursos:
- Reduce el tiempo perdido en clientes no interesados, maximizando el impacto del esfuerzo del equipo.
4. Aumento en las Ventas:
- Al centrarse en los clientes correctos, se logran más conversiones con menos trabajo.

EJEMPLO DEL MUNDO REAL:

Una empresa de software utiliza análisis predictivo para:
- Identificar que los clientes que descargaron una prueba gratuita y volvieron a visitar la página dentro de los primeros 3 días tienen un 90% de probabilidad de comprar.
- Priorizar a estos clientes en su lista de llamadas.
- Crear campañas de marketing específicas para los clientes con menor probabilidad, para incentivarlos a interesarse más.

RETOS DEL ANÁLISIS PREDICTIVO

1. Calidad de los Datos:
   - Si los datos usados están incompletos o son incorrectos, las predicciones no serán precisas.
2. Adaptación a Cambios:
   - El comportamiento del cliente puede cambiar con el tiempo, por lo que los modelos deben actualizarse regularmente.
3. Curva de Aprendizaje:
   - Aunque las herramientas son cada vez más fáciles de usar, puede ser necesario aprender cómo configurarlas y analizar sus resultados.

CONCLUSIÓN

El análisis predictivo es una herramienta poderosa para predecir comportamientos futuros basándose en datos pasados. En ventas, permite a los equipos tomar decisiones más inteligentes y estratégicas, enfocándose en los clientes más prometedores y aumentando su productividad. Es como tener un "asesor digital" que guía a tu equipo hacia el éxito.

AUTOMATIZACIÓN ROBÓTICA DE PROCESOS (RPA):

¿QUÉ ES LA RPA?

La Automatización Robótica de Procesos (RPA, por sus siglas en inglés) es una tecnología que utiliza "robots" de software para realizar tareas repetitivas que normalmente hacen las personas. Estos "robots" no son físicos; son programas que trabajan en computadoras para realizar tareas como enviar correos, copiar datos o mover información entre sistemas.

En resumen, la RPA permite que las máquinas se encarguen del trabajo tedioso, para que las personas puedan enfocarse en tareas más importantes.

¿CÓMO FUNCIONA LA RPA?

La RPA funciona siguiendo un conjunto de reglas y procesos definidos previamente. Así es como se implementa y opera:

1. Identificación de la Tarea:
   o   Se elige una tarea repetitiva que toma tiempo, como ingresar datos en un sistema o enviar correos de seguimiento.
2. Creación del Robot:
   o   Se programa un "robot" de software para realizar esa tarea siguiendo las mismas instrucciones que usaría un humano.
3. Ejecución Automática:
   o   El robot ejecuta la tarea automáticamente, sin intervención humana. Puede hacerlo a cualquier hora y tantas veces como sea necesario.
4. Resultados Consistentes:
   o   El robot realiza la tarea de manera uniforme y sin errores.

EJEMPLO PRÁCTICO:

Antes de Usar RPA:
Un vendedor termina una reunión con un cliente y debe:
- Escribir un correo de seguimiento.
- Adjuntar documentos relevantes.
- Enviar el correo y registrar la interacción en el CRM.

Después de Implementar RPA:
El sistema automáticamente:
- Detecta que la reunión terminó.
- Genera un correo con un mensaje predefinido y los documentos adecuados.
- Envía el correo al cliente y actualiza el CRM con los detalles de la interacción.

El vendedor no necesita realizar estas acciones manualmente y puede concentrarse en cerrar el trato.

TAREAS COMUNES QUE LA RPA PUEDE AUTOMATIZAR

1. Gestión de Correos Electrónicos:
   - Enviar correos de seguimiento o recordatorios automáticamente después de reuniones o llamadas.
2. Ingreso de Datos:
   - Extraer información de correos o formularios y registrarla en sistemas como CRMs.
3. Generación de Informes:
   - Crear y enviar reportes diarios o semanales sin intervención manual.
4. Programación de Reuniones:
   - Automatizar la coordinación de agendas y envío de invitaciones de calendario.
5. Gestión de Facturas:
   - Procesar y registrar facturas automáticamente.

BENEFICIOS DE LA RPA

1. Ahorro de Tiempo:
   - Realiza tareas repetitivas en segundos que tomarían minutos o incluso horas si fueran hechas manualmente.
2. Reducción de Errores:
   - Elimina errores humanos como omisiones o datos ingresados incorrectamente.
3. Aumento de la Productividad:
   - Libera a los empleados para que puedan centrarse en tareas estratégicas o creativas.
4. Trabajo Continuo:
   - Los robots pueden trabajar 24/7, sin necesidad de descansos.
5. Costos Reducidos:
   - Reduce la necesidad de contratar más personal para realizar tareas administrativas.

RETOS DE LA RPA

1. Configuración Inicial:
   - Crear los procesos automatizados puede requerir tiempo y recursos, aunque solo al principio.
2. Cambios en los Procesos:
   - Si las reglas o sistemas cambian, los robots deben actualizarse para seguir funcionando correctamente.
3. Limitaciones de Inteligencia:
   - La RPA sigue reglas predefinidas y no puede tomar decisiones fuera de esas reglas.

EJEMPLO REAL EN VENTAS Y MARKETING

Una empresa que utiliza RPA puede:
1. Enviar correos personalizados:
   Después de que un cliente llena un formulario en la página web, el robot envía un correo automático agradeciendo su interés e incluye información relevante.
2. Actualizar el CRM:
   Registra automáticamente los datos del cliente en el sistema, como su nombre, empresa e intereses.
3. Programar seguimientos:
   Genera recordatorios para el equipo de ventas sobre próximas acciones basadas en el comportamiento del cliente.

CONCLUSIÓN

La Automatización Robótica de Procesos es una herramienta que permite a las empresas ser más eficientes al liberar tiempo y reducir errores en tareas repetitivas. En ventas, significa menos tiempo en tareas administrativas y más tiempo en interacciones significativas con los clientes. Con la RPA, tu equipo puede enfocarse en lo que realmente importa: cerrar negocios y construir relaciones.

REFLEXIÓN DEL CAPÍTULO

1. ¿Qué tan familiarizado estás con conceptos como machine learning o análisis predictivo?

CAPÍTULO 3: EL PROCESO TRADICIONAL DE VENTAS: UN DESGLOSE

STORYTELLING: MARTA Y EL RELOJ DE ARENA

Marta trabajaba en una agencia de marketing B2B, y aunque era una excelente vendedora, sentía que siempre estaba corriendo contra el reloj. Su día estaba lleno de tareas repetitivas: responder correos, buscar prospectos y organizar presentaciones. Un día, durante una reunión, su gerente le dijo: "El proceso de ventas es como un reloj de arena. Si pasas demasiado tiempo en las tareas iniciales, nunca llegarás al cierre". Esta metáfora la marcó. Decidió analizar su flujo de trabajo para identificar las áreas donde estaba desperdiciando tiempo, y eso cambió su enfoque hacia el uso de herramientas tecnológicas.

ENTENDIENDO EL PROCESO TRADICIONAL DE VENTAS

Antes de integrar la IA, es crucial entender cómo funciona el proceso de ventas tradicional. Aunque las variaciones pueden ser muchas, el ciclo de ventas B2B generalmente incluye las siguientes etapas:

1. Prospección
   - Identificar posibles clientes que podrían beneficiarse del producto o servicio.
   - Métodos tradicionales: llamadas en frío, networking, bases de datos.
2. Calificación de Leads
   - Determinar cuáles prospectos tienen mayor potencial para convertirse en clientes.
   - Métodos tradicionales: entrevistas y cuestionarios.
3. Presentación o Demostración
   - Mostrar cómo tu solución satisface las necesidades del cliente.
   - Métodos tradicionales: reuniones presenciales, presentaciones PowerPoint.
4. Negociación
   - Ajustar términos y resolver objeciones para llegar a un acuerdo.

- Métodos tradicionales: reuniones cara a cara, intercambio de correos.

5. Cierre
- Obtener un compromiso formal del cliente para comprar.
- Métodos tradicionales: contratos firmados, seguimiento constante.

6. Seguimiento y Fidelización
- Mantener la relación para futuras oportunidades de negocio.
- Métodos tradicionales: llamadas de cortesía, reuniones postventa.

LOS DESAFÍOS DEL PROCESO TRADICIONAL

Aunque efectivo, el proceso tradicional de ventas tiene varias limitaciones:

- Tareas repetitivas y tediosas: Como la clasificación manual de leads.
- Falta de personalización: Difícil de lograr a gran escala.
- Tiempo limitado: Los vendedores suelen dedicar más tiempo a tareas administrativas que a interactuar con los clientes.
- Errores humanos: Decisiones basadas en suposiciones en lugar de datos.

IDENTIFICANDO LAS ÁREAS CLAVE PARA OPTIMIZACIÓN

Para integrar la IA de manera efectiva, debemos identificar las áreas más problemáticas del proceso. Aquí algunas preguntas clave:

- ¿Cuánto tiempo se invierte en prospectar clientes?
- ¿Cuántos leads calificados realmente convierten?
- ¿Qué tan personalizadas son las presentaciones?
- ¿Qué tan rápido se da respuesta a las preguntas o inquietudes de los clientes?

Estas áreas son ideales para introducir herramientas de IA que optimicen las tareas y mejoren los resultados.

CÓMO SE VERÁ EL PROCESO CON IA

Imagina el proceso de ventas tradicional, pero potenciado con IA:

1. Prospección Automatizada: Herramientas que identifican prospectos basándose en datos demográficos y comportamientos online.
2. Calificación de Leads con Análisis Predictivo: Priorizar leads según su probabilidad de conversión.
3. Presentaciones Personalizadas: IA que adapta materiales según el perfil del cliente.
4. Asistencia en la Negociación: Sistemas que sugieren términos favorables basados en contratos anteriores.
5. Seguimiento Automatizado: Recordatorios y mensajes personalizados enviados automáticamente.

PROSPECCIÓN AUTOMATIZADA: UNA GUÍA DETALLADA

¿QUÉ ES LA PROSPECCIÓN AUTOMATIZADA?

La prospección automatizada es el uso de herramientas tecnológicas para identificar y priorizar prospectos (clientes potenciales) basándose en datos relevantes como su ubicación, intereses, industria, comportamientos online, e interacciones pasadas con tu marca. Estas herramientas eliminan la necesidad de búsquedas manuales y te permiten enfocarte en los prospectos más prometedores, ahorrando tiempo y aumentando la eficiencia.

¿CÓMO FUNCIONA LA PROSPECCIÓN AUTOMATIZADA?

1. Recolección de Datos:
   - Las herramientas recopilan datos de múltiples fuentes, como:
     - Bases de datos públicas.
     - Redes sociales (LinkedIn, Twitter).
     - Actividades en tu sitio web (páginas visitadas, formularios llenados).
     - Correos electrónicos abiertos o clics en campañas de marketing.
   - Ejemplo: Un visitante que descarga una guía sobre tu producto y luego revisa tu página de precios.
2. Análisis de los Datos:
   - El sistema analiza los datos recopilados para encontrar patrones y clasificar a los prospectos según su interés o probabilidad de compra.
   - Ejemplo: Identificar que prospectos de una industria específica tienen más probabilidades de adquirir tu solución.
3. Calificación Automática:
   - Las herramientas asignan un puntaje (lead scoring) a cada prospecto basado en criterios definidos, como:
     - Interacción reciente con tu marca.
     - Nivel de cargo en la empresa.

- Tamaño de la empresa.
  - Ejemplo: Un cliente potencial que visita tu sitio web tres veces en una semana recibe un puntaje más alto que uno que lo visita una sola vez.
4. Priorización:
  - Los prospectos con puntajes más altos se colocan en la parte superior de la lista, permitiendo a los vendedores enfocarse en los clientes con mayor probabilidad de conversión.

BENEFICIOS DE LA PROSPECCIÓN AUTOMATIZADA

1. Ahorro de Tiempo:
- Elimina la necesidad de búsquedas manuales, lo que permite a los equipos de ventas enfocarse en cerrar tratos en lugar de buscar prospectos.//
2. Mayor Precisión:
- Las herramientas basadas en datos reducen la subjetividad al evaluar prospectos y aseguran que el equipo de ventas trabaje con la información más relevante.
3. Personalización Mejorada:
- Al conocer los intereses y comportamientos de los prospectos, los vendedores pueden personalizar sus interacciones y aumentar las probabilidades de éxito.
4. Escalabilidad:
- Puedes gestionar grandes volúmenes de prospectos sin sacrificar calidad, algo difícil de lograr manualmente.
5. Tasa de Conversión Más Alta:
- Al enfocarte en prospectos calificados, la probabilidad de cerrar ventas aumenta significativamente.

HERRAMIENTAS POPULARES PARA PROSPECCIÓN AUTOMATIZADA

1. LinkedIn Sales Navigator:
   o   Identifica prospectos basándose en filtros como industria, ubicación, tamaño de la empresa y nivel de cargo.
   o   Proporciona recomendaciones automáticas de leads similares.
2. ZoomInfo:
   o   Proporciona datos detallados de contactos y empresas, como correos electrónicos, teléfonos y actividades recientes.
   o   Ofrece alertas cuando un prospecto muestra señales de interés.
3. HubSpot CRM:
   o   Rastrea interacciones de prospectos con tu sitio web y asigna puntajes automáticos según su comportamiento.
4. Clearbit:
   o   Enriquece la información de prospectos automáticamente al agregar detalles como el tamaño de la empresa, la industria y la ubicación.
5. Apollo.io:

- Combina datos de contactos y empresas con campañas automatizadas para generar y gestionar prospectos.

APLICACIÓN PRÁCTICA EN UN CASO DE USO

Escenario:

Una empresa SaaS que vende herramientas de gestión de proyectos quiere encontrar clientes potenciales en el sector de tecnología.

Pasos con Prospección Automatizada:

1. Configuración:
   - Definen el perfil del cliente ideal: empresas de tecnología con más de 50 empleados y ubicadas en América del Norte.
2. Uso de Herramientas:
   - Con LinkedIn Sales Navigator, filtran contactos con los criterios definidos y crean una lista de prospectos relevantes.
   - Usan HubSpot CRM para rastrear las visitas al sitio web de estos prospectos y medir su nivel de interés.
3. Interacción Personalizada:
   - Los prospectos que visitan la página de precios reciben un correo automático con información personalizada sobre planes y beneficios.
4. Priorización y Seguimiento:
   - Los prospectos con mayor interacción se asignan al equipo de ventas para llamadas personalizadas.

DESAFÍOS DE LA PROSPECCIÓN AUTOMATIZADA

1. Calidad de los Datos:
- Si los datos recopilados están incompletos o desactualizados, las herramientas pueden generar resultados inexactos.
2. Curva de Aprendizaje:
- Algunas herramientas requieren tiempo para configurarlas y entender su funcionamiento.
3. Dependencia de la Tecnología:
- Si no se combinan con estrategias humanas, pueden perder el toque personal que algunas relaciones comerciales necesitan.

CONCLUSIÓN

La prospección automatizada es una solución indispensable para equipos de ventas modernos que buscan optimizar su tiempo y aumentar su efectividad. Al identificar prospectos de forma más rápida y precisa, permite que los vendedores se concentren en lo que hacen mejor: cerrar tratos y construir relaciones. Implementar estas herramientas no solo mejora la productividad, sino que también transforma la forma en que las empresas abordan la generación de leads en un entorno competitivo.

IMPLEMENTACIÓN DE CALIFICACIÓN DE LEADS CON ANÁLISIS PREDICTIVO

¿QUÉ ES LA CALIFICACIÓN DE LEADS CON ANÁLISIS PREDICTIVO?

La calificación de leads con análisis predictivo es el proceso de asignar un puntaje o prioridad a los prospectos basándose en datos históricos y patrones identificados a través de inteligencia artificial (IA). Este método permite a los equipos de ventas enfocarse en los leads con mayor probabilidad de conversión, optimizando el uso de su tiempo y recursos.

PASOS PARA IMPLEMENTAR LA CALIFICACIÓN DE LEADS CON ANÁLISIS PREDICTIVO

1. DEFINIR OBJETIVOS Y METAS

- Por qué: Antes de implementar un sistema predictivo, necesitas saber qué esperas lograr.
- Ejemplo de Metas:
  - Reducir el tiempo invertido en leads no calificados.
  - Aumentar la tasa de conversión general en un 20%.
  - Priorizar leads para asignarlos al equipo de ventas de forma más efectiva.

2. RECOLECTAR DATOS RELEVANTES

- Por qué: Los datos son el combustible del análisis predictivo. La calidad de las predicciones depende de la calidad y cantidad de datos disponibles.
- Datos Necesarios:
  - Datos Demográficos: Tamaño de la empresa, industria, ubicación, nivel de cargo.
  - Comportamiento Online: Páginas visitadas, correos abiertos, descargas de material.
  - Historial de Interacciones: Número de reuniones, llamadas, correos enviados.
  - Datos Transaccionales: Ventas cerradas, valor promedio de la compra, tiempo de conversión.
- Cómo recolectarlos:
  - Usa herramientas como CRMs (HubSpot, Salesforce) para registrar y organizar datos.
  - Integra plataformas de marketing como Mailchimp o Marketo para datos de interacción.

3. ELEGIR UNA HERRAMIENTA DE ANÁLISIS PREDICTIVO

- Por qué: Estas herramientas automatizan el análisis de datos y generan puntajes basados en patrones.
- Herramientas Recomendadas:
    - Salesforce Einstein: Integra IA directamente en tu CRM para puntuar leads automáticamente.
    - HubSpot CRM con Predictive Lead Scoring: Fácil de usar para empresas pequeñas y medianas.
    - Zoho CRM con Zia: Ofrece predicciones y recomendaciones sobre leads.
    - Marketo Engage: Excelente para integrar marketing y ventas con calificación avanzada.

4. ENTRENAR EL MODELO PREDICTIVO

- Por qué: El modelo necesita aprender de tus datos históricos para identificar patrones relevantes.
- Cómo Hacerlo:
    1. Proporciona al sistema datos históricos sobre leads que se convirtieron en clientes y los que no lo hicieron.
    2. Identifica patrones que diferencien a los leads exitosos de los no exitosos (e.g., tamaño de la empresa, cantidad de visitas al sitio web, nivel de cargo del contacto).
    3. Ajusta el modelo para que se enfoque en las características más importantes para tu negocio.

5. DEFINIR CRITERIOS DE CALIFICACIÓN

- Por qué: Necesitas un sistema claro para puntuar a los leads.
- Ejemplo de Criterios:
    - Interacción Reciente: Leads que han abierto correos o visitado páginas clave recientemente obtienen más puntos.
    - Tamaño de la Empresa: Prioriza empresas grandes si son tu cliente ideal.
    - Nivel de Cargo: Leads con poder de decisión (gerentes, directores) reciben mayor puntuación.
    - Comportamiento Específico: Descargar un ebook o registrarse para un webinar indica interés.
- Escala Ejemplo:
    - 80-100 puntos: Lead prioritario. Alta probabilidad de conversión.
    - 50-79 puntos: Lead medio. Requiere seguimiento adicional.
    - 0-49 puntos: Lead frío. No requiere atención inmediata.

6. AUTOMATIZAR EL PROCESO

- Por qué: Automatizar reduce errores humanos y asegura que todos los leads sean evaluados consistentemente.
- Cómo Automatizar:
    - Configura reglas en tu CRM o herramienta de análisis predictivo para calcular puntajes automáticamente.
    - Usa integraciones para combinar datos de marketing (e.g., Mailchimp) con datos de ventas (e.g., Salesforce).

7. PRIORIZAR Y ASIGNAR LEADS

- Por qué: Los leads con mayor puntaje deben ser tratados primero para maximizar la conversión.
- Cómo Hacerlo:
    - Crea flujos de trabajo automáticos que asignen leads de alta prioridad a los vendedores más experimentados.
    - Establece recordatorios o alertas para contactar rápidamente a los leads calientes.

8. MONITOREAR Y AJUSTAR EL MODELO

- Por qué: Los patrones de los clientes y las prioridades pueden cambiar con el tiempo.
- Cómo Hacerlo:
    - Revisa los resultados del sistema regularmente (mensual o trimestralmente).
    - Ajusta los criterios de calificación basándote en nuevos datos.
    - Integra feedback del equipo de ventas para mejorar la precisión del modelo.

EJEMPLO PRÁCTICO DE IMPLEMENTACIÓN

1. Escenario:
   Una empresa SaaS con un CRM (HubSpot) implementa análisis predictivo para priorizar leads.
2. Acciones:
   - Configuran el sistema para asignar puntos basados en criterios como:
     - Interacciones recientes (30 puntos por abrir correos, 50 por visitar la página de precios).
     - Tamaño de la empresa (50 puntos para empresas medianas y grandes).
     - Nivel de cargo (20 puntos adicionales para tomadores de decisión).
3. Resultados:
   - Los leads con más de 80 puntos son contactados de inmediato por el equipo de ventas.
   - Leads con puntajes más bajos reciben correos automatizados para nutrir su interés.
4. Impacto:
   - Aumentaron la tasa de conversión en un 25% en el primer trimestre.
   - El equipo de ventas redujo el tiempo perdido en leads no calificados en un 40%.

BENEFICIOS CLAVE DE LA CALIFICACIÓN DE LEADS CON ANÁLISIS PREDICTIVO

1. Enfoque en los Leads Correctos:
   - Identifica prospectos con mayor probabilidad de conversión, maximizando el impacto del equipo.
2. Estrategias Personalizadas:
   - Ofrece mensajes y seguimientos adaptados al nivel de interés del lead.
3. Ahorro de Tiempo y Recursos:
   - Elimina la necesidad de calificaciones manuales, permitiendo que el equipo se concentre en cerrar negocios.
4. Mejora de la Experiencia del Cliente:
   - Contacta a los leads en el momento adecuado, ofreciendo un mejor servicio.

CONCLUSIÓN

Implementar la calificación de leads con análisis predictivo transforma la forma en que las empresas manejan sus prospectos. No solo permite priorizar a los clientes con mayor probabilidad de compra, sino que también mejora la eficiencia del equipo de ventas y aumenta las tasas de conversión. Con las herramientas adecuadas y un modelo bien entrenado, puedes optimizar tu proceso de ventas y asegurarte de que tu equipo esté siempre enfocado en las oportunidades más prometedoras.

Presentaciones Personalizadas: IA que Adapta Materiales Según el Perfil del Cliente

¿QUÉ SON LAS PRESENTACIONES PERSONALIZADAS?

Las presentaciones personalizadas son materiales de ventas o marketing que se adaptan específicamente a las necesidades, intereses y características de un cliente en particular. Cuando se utiliza inteligencia artificial (IA), estas presentaciones se crean automáticamente al analizar datos relevantes del cliente y ajustar el contenido para que sea más atractivo y relevante.

En lugar de usar presentaciones genéricas que pueden no resonar con todos los clientes, la IA permite generar propuestas únicas, enfocadas en resolver los problemas específicos de cada prospecto.

¿CÓMO FUNCIONA LA IA EN LAS PRESENTACIONES PERSONALIZADAS?

1. Recolección de Datos del Cliente:
   o La IA recopila información sobre el cliente a través de:
      - Su historial de interacciones con tu empresa (visitas al sitio web, correos abiertos, descargas).
      - Datos demográficos (industria, tamaño de la empresa, ubicación).
      - Información comportamental (productos consultados, contenido leído, preguntas frecuentes).
   o Ejemplo: Un cliente que descargó una guía técnica probablemente esté interesado en características detalladas, no en beneficios generales.
2. Análisis de Necesidades:
   o La IA analiza los datos para identificar patrones, intereses específicos y necesidades del cliente.
   o Ejemplo: Detecta que un cliente en la industria tecnológica busca reducir costos operativos, mientras otro en el sector minorista prioriza aumentar las ventas en línea.
3. Generación de Contenido Personalizado:
   o Utilizando plantillas predefinidas, la IA adapta

elementos como:
- Mensajes clave: Resalta beneficios específicos que interesen al cliente.
- Ejemplos y casos de uso: Incluye ejemplos relevantes para la industria o contexto del cliente.
- Diseño visual: Ajusta gráficos, colores o logotipos según el cliente.

4. Entrega y Revisión:
- La IA genera un borrador de la presentación que puede ser revisado por el equipo de ventas antes de enviarlo al cliente.
- Ejemplo: Una presentación generada para un cliente grande puede incluir gráficos detallados de ROI (Retorno de Inversión), mientras que para una pequeña empresa podría enfocarse en costos iniciales.

COMPONENTES PERSONALIZABLES EN UNA PRESENTACIÓN CON IA

1. Introducción:
   o   Resalta el nombre del cliente, su industria o su problema específico.
   o   Ejemplo: "Cómo [Nombre de la Empresa] puede reducir costos operativos un 20% con nuestra solución."
2. Beneficios Clave:
   o   La IA selecciona los beneficios más relevantes según las necesidades del cliente.
   o   Ejemplo: Para un minorista, puede enfocarse en mejorar la experiencia del cliente en línea; para un fabricante, en optimizar procesos de producción.
3. Datos y Estadísticas Personalizadas:
   o   Incluye cifras específicas relacionadas con el cliente o su sector.
   o   Ejemplo: "Nuestro software ayudó a empresas en su industria a aumentar la eficiencia en un 35%."
4. Casos de Éxito Relevantes:
   o   Presenta historias de éxito de clientes similares.
   o   Ejemplo: "Nuestro cliente, [Empresa X], en su misma industria logró duplicar sus ingresos en dos años."

5. Propuesta de Valor:
   o   Adaptada para mostrar cómo el producto o servicio satisface las necesidades específicas del cliente.
   o   Ejemplo: "Con nuestra solución, su equipo de ventas ahorrará 15 horas semanales en tareas repetitivas."
6. Diseño Visual:
   o   Ajusta los colores y elementos gráficos para reflejar la identidad del cliente.
   o   Ejemplo: Incluye el logotipo del cliente en las diapositivas.

BENEFICIOS DE LAS PRESENTACIONES PERSONALIZADAS CON IA

1. Relevancia y Engagement:
   o   Los clientes sienten que entiendes sus necesidades específicas, aumentando su interés y compromiso.
2. Ahorro de Tiempo:
   o   La IA genera presentaciones en minutos, eliminando la necesidad de personalizarlas manualmente.
3. Mayor Impacto:
   o   Los materiales diseñados específicamente para un cliente tienen una mayor probabilidad de convencer y cerrar ventas.
4. Consistencia:
   o   Asegura que todas las presentaciones sigan un formato profesional, sin depender de la habilidad individual del vendedor.
5. Escalabilidad:
   o   Permite personalizar presentaciones para un gran número de clientes sin sacrificar calidad.

HERRAMIENTAS POPULARES PARA PRESENTACIONES PERSONALIZADAS CON IA

1. Seismic: Crea y adapta presentaciones basándose en datos del CRM y preferencias del cliente.
2. Tact.ai: Integra datos de diferentes fuentes para crear presentaciones dinámicas y personalizadas.
3. Crystal: Analiza la personalidad del cliente y sugiere un enfoque de comunicación adecuado, lo que influye en el tono y contenido de la presentación.
4. Canva con IA: Genera diseños visualmente atractivos y ajustados al cliente en cuestión de minutos.

EJEMPLO PRÁCTICO DE USO

Escenario:

Una empresa SaaS quiere presentar su solución a dos clientes potenciales:

- Cliente A: Una gran empresa tecnológica interesada en automatización.
- Cliente B: Una pequeña startup que busca soluciones económicas.

Sin IA:

Ambos clientes reciben la misma presentación genérica, lo que puede resultar irrelevante para sus necesidades específicas.

Con IA:

- Cliente A: Recibe una presentación que destaca el impacto de la automatización en empresas de tecnología, con gráficos de ROI detallados.
- Cliente B: Obtiene una presentación que se centra en el ahorro de costos y beneficios inmediatos, con ejemplos de startups exitosas.

PASOS PARA IMPLEMENTAR PRESENTACIONES PERSONALIZADAS CON IA

1. Definir Objetivos:
- Decide qué elementos quieres personalizar (mensajes, datos, diseño, etc.).
2. Recopilar Datos:
- Integra herramientas como CRM, sistemas de marketing o análisis web para recopilar información del cliente.
3. Seleccionar una Herramienta de IA:
- Usa una plataforma que se ajuste a tus necesidades, como Seismic o Tact.ai.
4. Crear Plantillas Base:
- Diseña plantillas generales que puedan adaptarse automáticamente con contenido personalizado.
5. Automatizar el Proceso:
- Configura la herramienta para generar presentaciones en función de los datos del cliente.
6. Revisión Manual:
- Revisa las presentaciones generadas para asegurarte

de que cumplen con los estándares deseados.

CONCLUSIÓN

Las presentaciones personalizadas con IA son una herramienta poderosa para aumentar la relevancia y el impacto de tus materiales de ventas. Al aprovechar datos específicos y generar contenido adaptado, estas presentaciones no solo ahorran tiempo, sino que también mejoran la experiencia del cliente y aumentan la probabilidad de cerrar negocios. Implementarlas es una inversión estratégica que posiciona a tu equipo como experto en las necesidades de cada cliente.

Asistencia en la Negociación: Sistemas que Sugieren Términos Favorables Basados en Contratos Anteriores

¿QUÉ ES LA ASISTENCIA EN LA NEGOCIACIÓN?

La asistencia en la negociación mediante sistemas basados en inteligencia artificial (IA) es una solución tecnológica que utiliza datos históricos y análisis en tiempo real para sugerir términos, estrategias y respuestas durante una negociación. Estos sistemas recopilan información de contratos anteriores, interacciones pasadas y datos del mercado para ofrecer recomendaciones que ayuden a los vendedores a tomar decisiones informadas y lograr acuerdos más beneficiosos.

¿CÓMO FUNCIONA?

1. Recolección de Datos Históricos:
- El sistema recopila información de contratos anteriores, incluyendo:
  - Términos de precios.
  - Plazos de pago.
  - Descuentos otorgados.
  - Condiciones específicas para diferentes tipos de clientes o industrias.

2. Análisis de Patrones:
- La IA identifica patrones en los contratos para determinar qué términos han sido más efectivos en negociaciones similares.
- Ejemplo: Detecta que los clientes del sector manufacturero tienden a preferir plazos de pago de 60 días con un descuento del 5% por pago anticipado.

3. Análisis en Tiempo Real:
- Durante la negociación, el sistema analiza las respuestas del cliente y el contexto actual para sugerir ajustes en los términos.
- Ejemplo: Si el cliente solicita un descuento adicional, la IA calcula el impacto financiero y sugiere un margen seguro para concederlo.

4. Recomendaciones Personalizadas:
- Basándose en el historial del cliente y el contexto de la negociación, el sistema sugiere:
  - Descuentos máximos que puedes ofrecer.
  - Estrategias para manejar objeciones.
  - Términos alternativos que pueden ser aceptables

para ambas partes.
5. Monitoreo de Resultados:
- Una vez cerrado el trato, el sistema registra los términos acordados y evalúa su efectividad para futuras negociaciones.

BENEFICIOS DE LA ASISTENCIA EN LA NEGOCIACIÓN

1. Toma de Decisiones Informadas:
   - Basándose en datos reales, evita decisiones impulsivas que puedan afectar negativamente la rentabilidad.
2. Reducción de Errores Humanos:
   - Minimiza la posibilidad de otorgar términos desfavorables o inconsistentes.
3. Mejor Preparación:
   - Ofrece un conocimiento profundo del cliente y del mercado antes y durante la negociación.
4. Consistencia en los Acuerdos:
   - Mantiene un estándar en las condiciones ofrecidas, alineándose con las políticas de la empresa.
5. Optimización de Márgenes:
   - Ayuda a maximizar los beneficios evitando concesiones innecesarias.
6. Ahorro de Tiempo:
   - Automatiza tareas como revisar contratos anteriores, liberando tiempo para enfocarse en la estrategia.

IMPLEMENTACIÓN DEL PROCESO DE ASISTENCIA EN LA NEGOCIACIÓN

1. RECOLECCIÓN Y ORGANIZACIÓN DE DATOS

- Centraliza todos los contratos, acuerdos y condiciones previas en una plataforma accesible.
- Usa un CRM o software de gestión de contratos para almacenar y organizar los datos.

2. CONFIGURACIÓN DEL SISTEMA DE IA

- Entrena al sistema con datos históricos:
    - Incluye ejemplos de contratos exitosos y fallidos.
    - Proporciona información sobre márgenes de negociación y términos preferidos.
- Define parámetros clave, como descuentos máximos permitidos o plazos estándar.

3. INTEGRACIÓN CON HERRAMIENTAS DE NEGOCIACIÓN

- Asegúrate de que el sistema de IA se integre con tus herramientas actuales, como tu CRM, plataformas de gestión de contratos (CMS), o sistemas de comunicación (Zoom, Microsoft Teams).

4. CAPACITACIÓN DEL EQUIPO

- Forma a los vendedores en el uso de la herramienta para que puedan interpretar las sugerencias y aplicarlas eficazmente.
- Realiza simulaciones de negociaciones para familiarizar al equipo con el sistema.

5. USO EN TIEMPO REAL

- Durante las negociaciones, el sistema puede:
    - Analizar las respuestas del cliente.
    - Sugerir términos favorables basados en el historial del cliente y contratos similares.
    - Proporcionar alertas si los términos solicitados por el cliente exceden los límites aceptables.

6. MONITOREO Y OPTIMIZACIÓN

- Revisa regularmente los resultados de las negociaciones para ajustar el sistema según las nuevas tendencias o datos.
- Actualiza los datos históricos con cada nuevo contrato.

EJEMPLO PRÁCTICO

Escenario:

Un representante de ventas está negociando con un cliente que solicita un descuento del 15% en un contrato de volumen alto.

Sin Asistencia de IA:

El vendedor puede aceptar el descuento sin calcular el impacto en el margen de ganancia o saber si es consistente con contratos similares.

Con Asistencia de IA:

1. El sistema identifica que en contratos similares se ha ofrecido un descuento máximo del 12%.
2. Sugiere al vendedor ofrecer un descuento del 10% inicial, aumentando al 12% solo si el cliente muestra resistencia.
3. Proporciona términos alternativos, como extender el contrato a 2 años para justificar un mayor descuento.

Resultado:

El vendedor cierra el trato ofreciendo el descuento adecuado sin afectar significativamente el margen.

HERRAMIENTAS RECOMENDADAS PARA ASISTENCIA EN LA NEGOCIACIÓN

1. Gong.io:
   o Analiza conversaciones en tiempo real y proporciona insights sobre términos y tácticas de negociación basados en datos históricos.
2. Chorus.ai:
   o Graba y analiza llamadas, sugiriendo estrategias para manejar objeciones y responder a solicitudes de clientes.
3. DocuSign Insight:
   o Permite analizar contratos anteriores para identificar términos clave y patrones de negociación.
4. DealHub.io:
   o Facilita la gestión de propuestas y contratos, con análisis predictivos para términos óptimos.
5. Conga Contracts:
   o Automatiza la revisión y generación de contratos, ofreciendo análisis de datos para términos favorables.

CONCLUSIÓN

La asistencia en la negociación con sistemas basados en IA transforma la forma en que los equipos de ventas interactúan con los clientes. Al proporcionar datos en tiempo real y sugerir términos favorables basados en contratos anteriores, estas herramientas no solo mejoran la preparación y efectividad del equipo, sino que también aseguran resultados consistentes y rentables. Adoptar estas soluciones es un paso estratégico para optimizar el proceso de negociación en un mercado competitivo.

Seguimiento Automatizado: Recordatorios y Mensajes Personalizados Enviados Automáticamente

¿QUÉ ES EL SEGUIMIENTO AUTOMATIZADO?

El seguimiento automatizado es una estrategia impulsada por herramientas tecnológicas que permite enviar recordatorios y mensajes personalizados a los clientes de forma automática, sin intervención manual. Esta técnica asegura que los clientes reciban la atención adecuada en cada etapa del proceso de ventas, mejorando la comunicación y maximizando las oportunidades de conversión.

En lugar de depender del esfuerzo manual del equipo de ventas para recordar tareas o redactar mensajes, las herramientas de automatización realizan estas acciones de manera programada y específica, basándose en el comportamiento del cliente y los datos disponibles.

¿CÓMO FUNCIONA EL SEGUIMIENTO AUTOMATIZADO?

1. Recolecta Información del Cliente:
   - Se recopilan datos de interacciones previas, como:
     - Visitas al sitio web.
     - Descargas de contenido.
     - Correos abiertos o clics en enlaces.
     - Historial de compras.
2. Crea Flujos de Trabajo Automatizados:
   - Se diseñan secuencias de mensajes y recordatorios que se activan según eventos específicos.
   - Ejemplo: Si un cliente descarga un catálogo, el sistema envía automáticamente un correo con más información sobre los productos destacados.
3. Personaliza los Mensajes:
   - Utiliza datos del cliente para personalizar cada mensaje.
   - Ejemplo: Un correo puede incluir el nombre del cliente, el producto que revisó y una oferta especial.
4. Programa Recordatorios:
   - El sistema programa alertas para el equipo de ventas o envía recordatorios al cliente, como reuniones próximas o renovaciones de contratos.
5. Analiza la Efectividad:
   - Monitorea métricas como tasas de apertura,

clics y conversiones para optimizar las estrategias de seguimiento.

BENEFICIOS DEL SEGUIMIENTO AUTOMATIZADO

1. Respuestas Rápidas:
   - Asegura que los clientes reciban una respuesta inmediata después de mostrar interés, aumentando las probabilidades de conversión.
2. Personalización a Gran Escala:
   - Personaliza cada interacción sin aumentar la carga de trabajo, haciendo que el cliente se sienta valorado.
3. Mayor Eficiencia:
   - Libera tiempo del equipo de ventas al automatizar tareas repetitivas.
4. Consistencia:
   - Garantiza que ningún cliente se quede sin seguimiento, eliminando errores humanos.
5. Aumento de Conversión:
   - Mantiene al cliente comprometido a través de interacciones relevantes y oportunas.
6. Escalabilidad:
   - Permite gestionar un gran volumen de clientes sin perder calidad en la comunicación.

EJEMPLO PRÁCTICO DE SEGUIMIENTO AUTOMATIZADO

Escenario:

Una empresa de software ofrece pruebas gratuitas de su producto. Necesitan convertir a los usuarios de prueba en clientes de pago.

Sin Seguimiento Automatizado:

El equipo de ventas envía correos manualmente y se olvida de algunos usuarios que no muestran interés inmediato.

Con Seguimiento Automatizado:

1. Primera Interacción:
   - El sistema detecta que un usuario descargó la prueba gratuita y envía un correo de bienvenida personalizado con instrucciones para comenzar.
2. Seguimiento Progresivo:
   - Día 3: Un correo automático pregunta si el cliente necesita ayuda para configurar el software.
   - Día 7: Se envía un caso de éxito de otro cliente en la misma industria.
   - Día 14: Un recordatorio automático informa que la prueba está por terminar y sugiere agendar una llamada con ventas.
3. Finalización:
   - Si el cliente no responde, el sistema envía una última oferta especial antes de que expire la prueba.

Resultados:
- Aumento en la conversión del 30% al 50% gracias al contacto consistente y relevante.

TAREAS COMUNES AUTOMATIZABLES EN EL SEGUIMIENTO

1. Correos de Seguimiento:
   - Responder automáticamente después de una reunión, demostración o descarga de material.
   - Ejemplo: "Gracias por tu interés en nuestro producto. ¿Podemos agendar una llamada para resolver tus dudas?"
2. Recordatorios de Reuniones:
   - Alertar a los clientes sobre citas próximas.
   - Ejemplo: "Te esperamos mañana a las 10:00 a.m. para discutir nuestra propuesta."
3. Mensajes de Abandono:
   - Enviar correos a clientes que dejaron un carrito de compra o formulario incompleto.
   - Ejemplo: "Notamos que dejaste este artículo en tu carrito. ¿Te ayudamos a finalizar la compra?"
4. Ofertas de Renovación:
   - Recordar a los clientes sobre contratos o suscripciones que están por vencer.
5. Mensajes de Cumpleaños o Fechas Especiales:
   - Mantener una relación cercana con los clientes al felicitarlos o enviar promociones personalizadas.

PASOS PARA IMPLEMENTAR EL SEGUIMIENTO AUTOMATIZADO

1. DEFINE LOS OBJETIVOS:

- ¿Qué quieres lograr con el seguimiento automatizado?
    - Aumentar conversiones.
    - Mejorar la retención de clientes.
    - Reducir el tiempo de respuesta.

2. SEGMENTA A TUS CLIENTES:

- Agrupa a los clientes en categorías basadas en su comportamiento o etapa en el ciclo de ventas.
- Ejemplo: Leads fríos, leads cálidos y clientes existentes.

3. DISEÑA LOS FLUJOS DE TRABAJO:

- Define las acciones que activarán los mensajes automatizados (e.g., descargar un contenido, no responder a un correo, etc.).
- Crea contenido específico para cada etapa del flujo.

4. SELECCIONA UNA HERRAMIENTA DE AUTOMATIZACIÓN:

- Usa una plataforma que integre fácilmente datos del cliente y permita configurar flujos personalizados.

5. PERSONALIZA LOS MENSAJES:

- Incluye el nombre del cliente, el producto de interés y datos relevantes para que el mensaje sea único.

6. PRUEBA Y AJUSTA:

- Antes de lanzar, prueba los flujos para asegurarte de que los mensajes sean enviados correctamente.
- Ajusta las estrategias según los resultados obtenidos.

7. MONITOREA EL RENDIMIENTO:

- Mide métricas como aperturas, clics y respuestas para optimizar los mensajes y los tiempos de envío.

HERRAMIENTAS RECOMENDADAS PARA SEGUIMIENTO AUTOMATIZADO

1. HubSpot CRM:
   - Permite configurar flujos de trabajo automatizados y enviar correos personalizados basados en el comportamiento del cliente.
2. ActiveCampaign:
   - Ideal para crear campañas de seguimiento automatizado con alto nivel de personalización.
3. Mailchimp:
   - Ofrece herramientas simples y efectivas para correos de seguimiento y automatización básica.
4. Pipedrive:
   - Integra recordatorios automáticos para el equipo de ventas y mensajes personalizados para los clientes.
5. Salesforce Pardot:
   - Excelente para empresas grandes que necesitan automatización avanzada y análisis detallados.

CONCLUSIÓN

El seguimiento automatizado es una herramienta esencial para mantener a los clientes comprometidos durante todo el proceso de ventas. Al enviar mensajes relevantes y oportunos, y programar recordatorios automáticos, puedes garantizar que cada cliente reciba la atención adecuada sin aumentar la carga de trabajo del equipo. Implementar esta estrategia no solo mejora la experiencia del cliente, sino que también aumenta la eficiencia y las tasas de conversión.

REFLEXIÓN DEL CAPÍTULO

1. ¿Qué etapa del proceso de ventas te consume más tiempo actualmente?
2. ¿En cuál de estas etapas crees que la IA podría tener un mayor impacto?

CAPÍTULO 4: HERRAMIENTAS DE IA EN CADA ETAPA DEL PROCESO DE VENTAS

STORYTELLING: PEDRO Y EL VENDEDOR INVISIBLE

Pedro estaba a cargo de las ventas en una empresa de software B2B. Un día, mientras revisaba su CRM, notó que un prospecto había respondido positivamente a un correo automatizado que él no recordaba haber enviado. Intrigado, investigó y descubrió que una herramienta de IA había analizado el comportamiento del cliente y enviado un mensaje personalizado en el momento justo. "Es como tener un vendedor invisible trabajando para mí", pensó. Ese fue el inicio de su fascinación por las herramientas de IA.

EL PODER DE LAS HERRAMIENTAS DE IA

Las herramientas de inteligencia artificial permiten optimizar cada etapa del proceso de ventas, desde la prospección hasta el cierre y la fidelización. En este capítulo, exploraremos ejemplos específicos que pueden transformar tu forma de trabajar.

1. PROSPECCIÓN: IDENTIFICANDO CLIENTES IDEALES

La prospección tradicional puede ser lenta y basada en conjeturas. Las herramientas de IA agilizan este proceso al analizar grandes volúmenes de datos y encontrar patrones.

- Herramientas recomendadas:
    - LinkedIn Sales Navigator con AI Insights: Identifica prospectos basados en su actividad profesional.
    - ZoomInfo: Ofrece datos detallados sobre empresas y contactos clave.
    - Leadfeeder: Muestra qué empresas han visitado tu sitio web.
- Ventajas:
    - Ahorro de tiempo al enfocarte en leads calificados.
    - Identificación de oportunidades ocultas.

2. CALIFICACIÓN DE LEADS: SEPARANDO EL ORO DE LA ARENA

Con IA, puedes priorizar los leads más prometedores utilizando análisis predictivos y datos históricos.
- Herramientas recomendadas:
    - HubSpot CRM con AI Scoring: Califica leads automáticamente basándose en su comportamiento.
    - Pipedrive Smart AI: Sugiere cuáles leads son más propensos a convertir.
    - Marketo Engage: Realiza análisis en tiempo real para identificar leads calificados.
- Ventajas:
    - Priorización precisa que reduce el tiempo perdido en leads poco probables.
    - Insights en tiempo real.

3. PRESENTACIÓN: PERSONALIZACIÓN CON DATOS DE IA

Las presentaciones genéricas ya no son suficientes. Con IA, puedes personalizar tus materiales y mensajes para cada cliente.
- Herramientas recomendadas:
  - Crystal: Analiza la personalidad de los prospectos y sugiere enfoques personalizados.
  - Tact.ai: Integra datos de múltiples plataformas para presentaciones adaptadas.
  - Seismic: Personaliza contenido en función de las necesidades del cliente.
- Ventajas:
  - Mayor impacto en la presentación.
  - Mejora la conexión emocional con el cliente.

4. NEGOCIACIÓN: APOYO EN TIEMPO REAL

La IA puede sugerir estrategias y términos favorables durante las negociaciones.
- Herramientas recomendadas:
  - Chorus.ai: Analiza llamadas de ventas y proporciona recomendaciones en tiempo real.
  - Clozd: Ayuda a entender por qué los tratos se ganan o pierden.
  - Gong.io: Proporciona insights detallados basados en conversaciones con clientes.
- Ventajas:
  - Reducción de errores humanos.
  - Mejores tasas de éxito en las negociaciones.

5. CIERRE: PREDICCIÓN DE RESULTADOS

Con IA, puedes prever la probabilidad de que un trato se cierre y ajustar tu estrategia en consecuencia.
- Herramientas recomendadas:
    - Salesforce Einstein: Predice resultados y sugiere acciones específicas.
    - Outreach.io: Automatiza el seguimiento para aumentar las probabilidades de cierre.
    - DealHub.io: Ofrece análisis predictivos y facilita la gestión de propuestas.
- Ventajas:
    - Mayor confianza en los pronósticos.
    - Incremento en la eficiencia del equipo.

6. SEGUIMIENTO: FIDELIZACIÓN INTELIGENTE

El seguimiento automatizado permite mantener una relación sólida con los clientes actuales.

- Herramientas recomendadas:
    - ActiveCampaign: Automatiza correos personalizados postventa.
    - Zendesk: Mejora la experiencia del cliente con soporte impulsado por IA.
    - CustomerGauge: Realiza encuestas automáticas para medir la satisfacción.
- Ventajas:
    - Aumento en la retención de clientes.
    - Identificación de oportunidades para ventas adicionales.

CÓMO INTEGRAR ESTAS HERRAMIENTAS

1. Evalúa tus necesidades: Determina qué etapas del proceso de ventas necesitan más apoyo.
2. Prueba gratuita: Muchas herramientas ofrecen períodos de prueba para experimentar su utilidad.
3. Forma a tu equipo: Capacita a los usuarios finales para que aprovechen al máximo las herramientas.

REFLEXIÓN DEL CAPÍTULO

1. ¿Qué etapa de tu proceso de ventas actual se beneficiaría más de estas herramientas?
2. ¿Qué herramienta te gustaría probar primero y por qué?

CAPÍTULO 5: CÓMO ELEGIR LA HERRAMIENTA CORRECTA

Storytelling: Laura y la Tormenta de Opciones

Laura era directora de ventas en una pequeña startup. Cuando decidió incorporar inteligencia artificial al equipo, se enfrentó a un desafío inesperado: la abrumadora cantidad de herramientas disponibles. Cada proveedor prometía ser "el mejor" para transformar sus procesos de ventas. Después de semanas de pruebas y errores, Laura descubrió que no era cuestión de elegir la herramienta más avanzada, sino la que mejor se adaptaba a las necesidades específicas de su equipo.

EL PROBLEMA DE LAS OPCIONES

Hoy en día, hay cientos de herramientas de IA diseñadas para optimizar las ventas. Desde CRMs con IA integrada hasta plataformas especializadas en análisis predictivo, las opciones son interminables. Sin una guía clara, los equipos pueden perder tiempo y recursos probando herramientas que no encajan con sus procesos.

FACTORES CLAVE PARA ELEGIR UNA HERRAMIENTA

Antes de decidir, considera los siguientes factores:

1. Necesidades Específicas
   - Identifica las áreas de tu proceso de ventas que necesitan mayor apoyo.
   - Ejemplo: ¿Necesitas automatizar la prospección, mejorar el seguimiento o personalizar las presentaciones?

2. Presupuesto
   - Define cuánto puedes invertir. Las herramientas de IA tienen una amplia gama de precios, desde gratuitas hasta soluciones empresariales de alto costo.
   - Prioriza las opciones que ofrezcan un retorno de inversión claro.

3. Facilidad de Uso
   - Elige herramientas que sean intuitivas y requieran poca capacitación para que tu equipo pueda adoptarlas rápidamente.

4. Integración
   - Asegúrate de que la herramienta pueda integrarse con tus sistemas existentes, como tu CRM o software de marketing.

5. Escalabilidad

- Considera si la herramienta puede crecer junto con tu negocio y adaptarse a necesidades futuras.
6. Soporte Técnico
- Opta por proveedores que ofrezcan soporte confiable y documentación clara.

CÓMO EVALUAR HERRAMIENTAS

1. Pruebas Gratuitas
   - Muchas herramientas ofrecen períodos de prueba gratuitos. Úsalos para probar la funcionalidad antes de comprometerte.
2. Opiniones y Recomendaciones
   - Investiga reseñas en línea y consulta con colegas en tu industria.
3. Demo Personalizada
   - Solicita demostraciones que muestren cómo la herramienta puede aplicarse a tus procesos específicos.
4. Evaluaciones de Equipo
   - Involucra a tu equipo en la selección. Ellos son los que usarán la herramienta diariamente.

COMPARACIÓN DE HERRAMIENTAS POPULARES

Aquí tienes una tabla con algunas herramientas destacadas para diferentes etapas del proceso de ventas:

Herramienta	Función Principal	Ideal Para	Costo
Salesforce Einstein	Análisis predictivo	Equipos grandes con datos complejos	Alto
HubSpot CRM	Automatización de procesos	Pequeñas y medianas empresas	Variable
Gong.io	Análisis de conversaciones	Optimización de negociaciones	Alto
ActiveCampaign	Seguimiento automatizado	Relaciones con clientes	Accesible
LinkedIn Sales Nav.	Prospección basada en datos	Búsqueda de leads B2B	Moderado
Marketo Engage	Marketing y ventas integrados	Campañas personalizadas	Alto

ERRORES COMUNES AL ELEGIR HERRAMIENTAS

- Priorizar funciones innecesarias: Elegir herramientas con demasiadas características que no se usarán.
- Ignorar la curva de aprendizaje: Optar por plataformas complejas que tu equipo no puede dominar rápidamente.
- Subestimar los costos ocultos: Considera costos adicionales como integraciones o soporte.

EL PROCESO DE DECISIÓN IDEAL

1. Define tus metas: Establece objetivos claros, como reducir el tiempo de prospección en un 20% o aumentar las conversiones.
2. Crea una lista corta: Selecciona 3-5 herramientas basándote en tus necesidades.
3. Realiza pruebas: Implementa pruebas con un pequeño grupo antes de hacer una adopción completa.
4. Analiza los resultados: Evalúa cómo cada herramienta impacta tus KPIs.

REFLEXIÓN DEL CAPÍTULO

1. ¿Qué necesidad clave debe resolver una herramienta de IA para tu equipo?
2. ¿Cómo puedes involucrar a tu equipo en el proceso de selección?

CAPÍTULO 6: PREPARANDO A TU EQUIPO PARA LA TRANSFORMACIÓN

STORYTELLING: DIEGO Y LA RESISTENCIA AL CAMBIO

Diego era gerente de ventas en una empresa de manufactura. Cuando decidió implementar una herramienta de IA para automatizar tareas, enfrentó resistencia inmediata por parte de su equipo. "No necesitamos robots para hacer nuestro trabajo", le dijeron algunos de sus vendedores más experimentados. Diego entendió que el éxito no solo dependía de la tecnología, sino de cómo preparaba a su equipo para adoptarla. Al final, con paciencia, comunicación clara y capacitación adecuada, logró transformar su departamento en un modelo de eficiencia y productividad.

LA CLAVE PARA UNA TRANSICIÓN EXITOSA

Adoptar IA en el proceso de ventas no se trata solo de implementar tecnología; también implica un cambio cultural y de mentalidad. Preparar a tu equipo es esencial para maximizar los beneficios de las herramientas de IA.

PASOS PARA PREPARAR A TU EQUIPO

1. COMUNICA EL PROPÓSITO

- Explica claramente por qué se está adoptando la IA y cómo beneficiará al equipo.
- Destaca que la IA no reemplazará a los vendedores, sino que los ayudará a ser más productivos.

2. INVOLUCRA AL EQUIPO DESDE EL INICIO

- Haz que los vendedores participen en la selección de herramientas.
- Escucha sus preocupaciones y asegúrate de abordarlas antes de la implementación.

3. CAPACITACIÓN ADECUADA

- Proporciona formación específica sobre cómo usar las herramientas.
- Realiza simulaciones y ejercicios prácticos para que se familiaricen con la tecnología.

4. DESIGNA CAMPEONES DE LA TECNOLOGÍA

- Identifica a miembros clave del equipo que estén entusiasmados con la tecnología y puedan actuar como mentores para los demás.

5. ESTABLECE EXPECTATIVAS CLARAS

- Define objetivos específicos sobre cómo se medirá el éxito de la implementación.
- Ejemplo: Reducir el tiempo de respuesta a leads en un 50%.

CÓMO SUPERAR LA RESISTENCIA AL CAMBIO

1. Abordar Temores y Mitos
- Mito: "La IA me reemplazará."
Realidad: La IA automatiza tareas repetitivas, permitiendo a los vendedores centrarse en actividades estratégicas.
- Mito: "Es demasiado complicada de usar."
Realidad: Las herramientas modernas están diseñadas para ser intuitivas.
2. Mostrar Resultados Rápidos
- Implementa soluciones que generen beneficios visibles rápidamente para ganar la confianza del equipo.
3. Promueve una Mentalidad de Aprendizaje
- Fomenta la idea de que la adopción de IA es una oportunidad para mejorar habilidades y ser más competitivos.

CAMBIANDO LA MENTALIDAD DEL EQUIPO

Para integrar con éxito la IA, es fundamental cultivar una mentalidad abierta al cambio. Esto incluye:
- Flexibilidad: Aceptar nuevas formas de trabajar.
- Colaboración: Ver la IA como un aliado, no como un competidor.
- Curiosidad: Estar dispuesto a explorar cómo la tecnología puede mejorar los resultados.

INDICADORES DE ÉXITO

Evalúa si tu equipo está preparado y comprometido con la transición:
- ¿Usan regularmente las herramientas de IA?
- ¿Han mejorado las métricas clave, como el tiempo de respuesta y la tasa de conversión?
- ¿Reportan menos estrés y más tiempo para actividades estratégicas?

EJERCICIO PRÁCTICO PARA EL EQUIPO

- Paso 1: Identifica una tarea repetitiva que consumes tiempo actualmente.
- Paso 2: Imagina cómo podría optimizarse con una herramienta de IA.
- Paso 3: Discute en equipo cómo implementar esta solución.

REFLEXIÓN DEL CAPÍTULO

1. ¿Qué preocupaciones podrían surgir en tu equipo sobre la implementación de IA?
2. ¿Qué estrategias de las mencionadas podrías aplicar para mitigar la resistencia?

CAPÍTULO 7: IMPLEMENTANDO LA IA EN TU ESTRATEGIA DE VENTAS

STORYTELLING: CLARA Y EL PLAN PASO A PASO

Clara era gerente de ventas en una empresa de tecnología que decidió integrar herramientas de inteligencia artificial en su estrategia. En lugar de lanzarse a implementar múltiples soluciones al mismo tiempo, Clara diseñó un plan paso a paso. Esto no solo ayudó a su equipo a adaptarse gradualmente, sino que permitió medir el impacto de cada herramienta antes de avanzar al siguiente nivel. En menos de un año, Clara había reducido los ciclos de ventas y aumentado los ingresos en un 35%.

LA IMPORTANCIA DE UN PLAN ESTRATÉGICO

La implementación de IA no es solo una cuestión técnica, sino estratégica. Sin un plan claro, es fácil desperdiciar recursos o causar frustración en el equipo. Este capítulo detalla un enfoque paso a paso para integrar la IA de manera efectiva.

PASO 1: DEFINE OBJETIVOS CLAROS

Antes de elegir herramientas o estrategias, pregúntate:
- ¿Qué problemas específicos deseas resolver?
- ¿Qué métricas deseas mejorar? (e.g., tasa de conversión, tiempo de respuesta, retención de clientes).

Ejemplo: Reducir el tiempo de clasificación de leads en un 50%.

PASO 2: REALIZA UNA EVALUACIÓN INICIAL

- Audita tu proceso actual de ventas: Identifica cuellos de botella y tareas repetitivas que podrían optimizarse con IA.
- Evalúa tus datos disponibles: La IA necesita datos para funcionar; asegúrate de tener información suficiente y de calidad.

PASO 3: ESCOGE LAS HERRAMIENTAS CORRECTAS

Utiliza lo aprendido en capítulos anteriores para seleccionar las herramientas que mejor se alineen con tus objetivos y recursos.
- Ejemplo: Para automatizar la prospección, considera LinkedIn Sales Navigator o ZoomInfo.

PASO 4: CREA UN PLAN PILOTO

Implementa la herramienta en una escala pequeña antes de un despliegue completo. Esto te permitirá:
- Evaluar su efectividad en tiempo real.
- Ajustar configuraciones y solucionar problemas sin afectar a todo el equipo.

Ejemplo: Introduce una herramienta de calificación de leads solo en un equipo pequeño para analizar su impacto.

PASO 5: CAPACITA A TU EQUIPO

Dedica tiempo a entrenar a los usuarios finales. Proporciona guías prácticas, tutoriales y soporte continuo para asegurarte de que todos se sientan cómodos usando la herramienta.

PASO 6: IMPLEMENTACIÓN COMPLETA

Después de un piloto exitoso:
- Escala la herramienta al resto del equipo.
- Asegúrate de que todos los procesos estén documentados y sean consistentes.

PASO 7: MIDE EL IMPACTO

Define métricas claras para evaluar el éxito de la implementación. Algunas métricas clave incluyen:
- Aumento en la tasa de conversión.
- Reducción en el tiempo de respuesta.
- Satisfacción del cliente.

ERRORES COMUNES A EVITAR

1. Implementar sin un objetivo claro: Esto puede llevar a confusión y desmotivación en el equipo.
2. Subestimar la importancia de los datos: Sin datos de calidad, las herramientas de IA no podrán ofrecer resultados útiles.
3. Olvidar la formación continua: A medida que las herramientas evolucionan, el equipo debe mantenerse actualizado.

CASO PRÁCTICO: ESTRATEGIA DE IMPLEMENTACIÓN EXITOSA

- Problema: Una empresa enfrentaba problemas con la retención de clientes.
- Solución: Implementaron una herramienta de análisis predictivo para identificar clientes en riesgo.
- Resultado: La tasa de retención aumentó en un 20% en los primeros seis meses.

CASO PRÁCTICO DETALLADO: ESTRATEGIA DE IMPLEMENTACIÓN EXITOSA CON ANÁLISIS PREDICTIVO

PROBLEMA INICIAL: RETENCIÓN DE CLIENTES

Una empresa SaaS (Software as a Service) enfrentaba un problema crítico: su tasa de cancelación de clientes (churn rate) estaba creciendo, lo que afectaba directamente sus ingresos recurrentes. A pesar de sus esfuerzos, los clientes no renovaban sus contratos o abandonaban el servicio después de unos meses.

RAZONES DETECTADAS:

1. Falta de Identificación Temprana:
- No tenían un sistema eficiente para detectar señales de que un cliente estaba insatisfecho o en riesgo de cancelar.
2. Seguimiento Reactivo:
- Solo actuaban cuando los clientes ya habían decidido cancelar, en lugar de abordar las preocupaciones a tiempo.
3. Datos Desconectados:
- Los datos del cliente estaban dispersos entre diferentes plataformas, dificultando una visión completa de su comportamiento y satisfacción.

SOLUCIÓN: IMPLEMENTACIÓN DE UNA HERRAMIENTA DE ANÁLISIS PREDICTIVO

La empresa decidió implementar un sistema de análisis predictivo para identificar clientes en riesgo de cancelar y tomar acciones proactivas para retenerlos.

1. CONFIGURACIÓN DEL SISTEMA

a. Recolección de Datos:
Se integraron datos de múltiples fuentes en una sola plataforma:
- Uso del software: Frecuencia de inicio de sesión, tiempo activo, características utilizadas.
- Interacciones de soporte: Número de tickets abiertos, tiempo de resolución, satisfacción del cliente (NPS).
- Historial de pagos: Retrasos o irregularidades.
- Encuestas y comentarios: Opiniones expresadas en encuestas de satisfacción.

b. Limpieza y Organización:
Se aseguraron de que los datos estuvieran completos, actualizados y sin duplicados para garantizar que el modelo predictivo trabajara con información precisa.

c. Entrenamiento del Modelo Predictivo:
El sistema se entrenó con datos históricos de clientes que habían cancelado y de aquellos que se habían mantenido activos. Esto permitió identificar patrones comunes en los clientes que abandonaban el servicio.

2. IDENTIFICACIÓN DE SEÑALES DE RIESGO

El modelo predictivo generó un puntaje de "riesgo de abandono" para cada cliente basándose en factores clave como:
- Disminución en el uso del software.
- Tiempo prolongado para resolver tickets de soporte.
- Evaluaciones negativas en encuestas recientes.
- Historial de problemas con pagos.

3. ACCIONES PROACTIVAS BASADAS EN LOS RESULTADOS

Una vez que se identificaron los clientes en riesgo, la empresa implementó una estrategia de retención personalizada:
1. Segmentación de Clientes en Riesgo:
   - Clientes de alto riesgo: Necesitaban atención inmediata.
   - Clientes de riesgo moderado: Requerían seguimiento y contacto preventivo.
2. Intervenciones Proactivas:
   - Equipos dedicados:
   Un equipo especializado contactó a los clientes de alto riesgo para entender sus preocupaciones y ofrecer soluciones.
   - Beneficios adicionales:
   Se ofrecieron descuentos exclusivos o extensiones gratuitas para recuperar el interés del cliente.
   - Educación sobre el producto:
   Se organizaron sesiones de capacitación para clientes con bajo uso del software, mostrando cómo podrían obtener más valor.
3. Mejoras en Soporte:
   - Implementaron un sistema de respuesta más rápido

para clientes que habían expresado insatisfacción en tickets anteriores.

RESULTADOS OBTENIDOS

1. Tasa de Retención Aumentada:
   - La tasa de retención mejoró un 20% en los primeros seis meses gracias a la identificación temprana de clientes en riesgo y acciones personalizadas.
2. Menor Churn Rate:
   - La tasa de cancelación disminuyó significativamente, asegurando una base de clientes más estable.
3. Satisfacción del Cliente Mejorada:
   - Encuestas posteriores mostraron un aumento del 15% en el puntaje de satisfacción (NPS) entre los clientes contactados proactivamente.
4. ROI Positivo de la Herramienta:
   - La inversión en la herramienta predictiva fue recuperada en menos de un año debido al incremento en los ingresos por retención.

APRENDIZAJES CLAVE

1. Datos Conectados y Limpiados:
   - Centralizar los datos y asegurar su calidad es esencial para obtener predicciones precisas.
2. Intervención Temprana:
   - Abordar problemas antes de que los clientes decidan cancelar es más efectivo que tratar de recuperarlos después.
3. Personalización Importa:
   - Las acciones genéricas no son tan efectivas como las estrategias adaptadas a las necesidades específicas de cada cliente.
4. Monitoreo Continuo:
   - El sistema se ajusta constantemente basándose en nuevos datos y comportamientos emergentes.

HERRAMIENTAS UTILIZADAS

1. Salesforce Einstein:
   - Utilizado para generar puntajes predictivos de clientes en riesgo y coordinar tareas de seguimiento.
2. Zendesk:
   - Integrado para rastrear tickets de soporte y medir la satisfacción del cliente.
3. HubSpot CRM:
   - Ayudó a centralizar datos y automatizar seguimientos personalizados.
4. Power BI:
   - Proporcionó reportes visuales de las tendencias de retención y efectividad de las estrategias implementadas.

CONCLUSIÓN

La implementación de una herramienta de análisis predictivo permitió a la empresa transformar su enfoque hacia la retención de clientes, pasando de un modelo reactivo a uno proactivo. Este caso demuestra cómo el uso inteligente de datos históricos y análisis predictivo puede tener un impacto directo y positivo en la sostenibilidad de un negocio al priorizar la atención a los clientes en riesgo y mejorar su experiencia general.

EJERCICIO PRÁCTICO

- Paso 1: Identifica una herramienta de IA que consideres útil para tu estrategia de ventas.
- Paso 2: Diseña un plan piloto para probar la herramienta en un equipo reducido.
- Paso 3: Define las métricas con las que evaluarás el éxito del piloto.

REFLEXIÓN DEL CAPÍTULO

1. ¿Cuál es la tarea más urgente en tu proceso de ventas que podría beneficiarse de la IA?
2. ¿Cómo estructurarías un plan piloto para esa tarea?

CAPÍTULO 8: ERRORES COMUNES Y CÓMO EVITARLOS

STORYTELLING: EL TROPIEZO DE RICARDO

Ricardo estaba entusiasmado con la idea de integrar herramientas de inteligencia artificial en su equipo de ventas. Compró un software de análisis predictivo muy costoso y lo implementó de inmediato, sin capacitar a su equipo ni analizar la calidad de los datos disponibles. El resultado fue un desastre: el equipo no entendía cómo usar la herramienta y los resultados generados eran poco precisos debido a datos mal gestionados. Esta experiencia le enseñó que el éxito no depende solo de la herramienta, sino de cómo se implementa.

ERRORES MÁS COMUNES AL IMPLEMENTAR IA

1. FALTA DE PREPARACIÓN

- Problema: No auditar los procesos actuales o definir metas claras antes de implementar IA.
- Solución: Realiza una evaluación inicial para identificar necesidades y establece objetivos específicos que guíen la adopción.

2. SUBESTIMAR LA IMPORTANCIA DE LOS DATOS

- Problema: Datos incompletos, inconsistentes o irrelevantes pueden generar resultados inexactos.
- Solución: Asegúrate de que tus datos estén limpios, organizados y actualizados antes de integrarlos a las herramientas de IA.

3. ELEGIR HERRAMIENTAS INADECUADAS

- Problema: Escoger soluciones basadas en tendencias o recomendaciones sin considerar las necesidades reales del equipo.
- Solución: Evalúa cada herramienta según los factores clave discutidos en capítulos anteriores, como integración, facilidad de uso y relevancia.

4. FALTA DE CAPACITACIÓN

- Problema: Implementar IA sin proporcionar formación adecuada lleva a baja adopción y frustración en el equipo.
- Solución: Dedica tiempo a entrenar al equipo y ofrece soporte continuo para resolver dudas o problemas.

5. RESISTENCIA AL CAMBIO

- Problema: Miembros del equipo que no confían en la tecnología o temen ser reemplazados.
- Solución: Comunica claramente los beneficios de la IA y fomenta una mentalidad de aprendizaje.

6. IMPLEMENTACIÓN PREMATURA

- Problema: Introducir herramientas en todo el equipo sin pruebas piloto puede generar caos y confusión.
- Solución: Realiza un piloto en un grupo reducido antes de escalar la solución a toda la organización.

CÓMO EVITAR ESTOS ERRORES

1. PLANIFICACIÓN ESTRATÉGICA

- Crea un plan detallado con objetivos claros, pasos definidos y un cronograma realista.

2. INVOLUCRAR A TODO EL EQUIPO

- Haz que el equipo participe desde el inicio en la selección de herramientas y el diseño de procesos.

3. ASEGÚRATE DE LA CALIDAD DE LOS DATOS

- Realiza auditorías regulares para mantener tus datos organizados y útiles.

4. SEGUIMIENTO Y AJUSTE

- Evalúa constantemente los resultados de la herramienta y ajusta según sea necesario.

5. BUSCA ASESORAMIENTO EXTERNO

- Si no tienes experiencia en IA, considera trabajar con consultores especializados para guiar el proceso.

CASO PRÁCTICO: APRENDER DE LOS ERRORES

- Problema: Una empresa implementó IA para personalizar correos a clientes, pero los mensajes eran irrelevantes debido a datos mal segmentados.
- Lección: Una auditoría de datos antes de la implementación podría haber evitado estos problemas.
- Resultado: Después de corregir la segmentación, la tasa de apertura de correos aumentó en un 40%.

EJERCICIO PRÁCTICO

- Paso 1: Identifica un error potencial en tu proceso actual (por ejemplo, datos inconsistentes o falta de formación).
- Paso 2: Diseña una estrategia para prevenir ese error en futuras implementaciones.
- Paso 3: Define indicadores que te ayuden a monitorear el éxito de tu solución.

REFLEXIÓN DEL CAPÍTULO

1. ¿Qué error crees que podría surgir en tu equipo al implementar IA y cómo lo abordarías?
2. ¿Tienes un plan para auditar tus datos antes de adoptar herramientas de IA?

CAPÍTULO 9: EL FUTURO DE LA IA EN VENTAS

STORYTELLING: EL FUTURO IMAGINADO POR SOFÍA

Sofía, una joven emprendedora, se encontraba en una feria tecnológica cuando un panel discutió las nuevas tendencias en inteligencia artificial. Los expertos hablaban de asistentes virtuales capaces de cerrar ventas, análisis en tiempo real de las emociones de los clientes y sistemas que no solo predecían necesidades, sino que las anticipaban antes de que el cliente las expresara. Inspirada, Sofía decidió adoptar algunas de estas tecnologías emergentes en su empresa, posicionándola como líder en su sector en tan solo tres años.

TENDENCIAS EMERGENTES DE LA IA EN VENTAS

1. IA CONVERSACIONAL AVANZADA

- Qué es: Herramientas como chatbots y asistentes virtuales que no solo responden preguntas, sino que interactúan de forma más natural y personalizada.
- Ejemplo: ChatGPT integrado en plataformas de atención al cliente, capaz de cerrar ventas simples en tiempo real.
- Impacto: Reducción en tiempos de respuesta y aumento en la satisfacción del cliente.

2. ANÁLISIS DE SENTIMIENTOS Y EMOCIONES

- Qué es: Tecnología que detecta el tono y las emociones en llamadas o correos electrónicos.
- Ejemplo: Herramientas como Gong.io que identifican la emoción del cliente para ajustar el enfoque del vendedor.
- Impacto: Mejora en la personalización y en la resolución de objeciones durante negociaciones.

3. SISTEMAS DE PREDICCIÓN BASADOS EN BIG DATA

- Qué es: Algoritmos que analizan patrones de comportamiento y datos de mercado para prever tendencias.
- Ejemplo: Predicción de qué productos serán más demandados en una región específica.
- Impacto: Mayor precisión en la planificación y estrategia de ventas.

4. AUTOMATIZACIÓN TOTAL DEL EMBUDO DE VENTAS

- Qué es: Sistemas capaces de manejar el proceso completo, desde la prospección hasta el cierre.
- Ejemplo: Plataformas que califican, personalizan y envían propuestas automáticamente.
- Impacto: Permite a los equipos enfocarse en estrategias y relaciones más profundas.

5. IA GENERATIVA PARA MATERIALES DE VENTAS

- Qué es: Uso de IA para crear contenido personalizado como propuestas, presentaciones y correos de seguimiento.
- Ejemplo: Creación automática de presentaciones basadas en datos específicos del cliente.
- Impacto: Ahorro de tiempo y mayor relevancia en la comunicación con los clientes.

CÓMO PREPARARSE PARA EL FUTURO

1. ADOPTA UNA MENTALIDAD DE APRENDIZAJE CONTINUO

- La tecnología cambia rápidamente; mantenerse actualizado será clave para aprovechar las nuevas herramientas.

2. FOMENTA UNA CULTURA DE INNOVACIÓN

- Crea un ambiente donde tu equipo se sienta cómodo experimentando con nuevas tecnologías.

3. INVIERTE EN INFRAESTRUCTURA DE DATOS

- Los datos serán el núcleo de todas las aplicaciones de IA. Asegúrate de que estén bien organizados y accesibles.

4. COLABORA CON PROVEEDORES TECNOLÓGICOS

- Trabaja de cerca con desarrolladores para implementar soluciones personalizadas y escalables.

5. ANTICIPA LAS NUEVAS COMPETENCIAS

- Los roles en ventas evolucionarán. Entrena a tu equipo para ser expertos en interpretar y trabajar junto a la IA.

EL IMPACTO GLOBAL DE LA IA EN VENTAS

A medida que más empresas adopten estas tecnologías, las expectativas de los clientes también evolucionarán. La IA no solo será una ventaja competitiva, sino una necesidad para mantenerse relevante en un mercado dinámico.

La adopción de la Inteligencia Artificial (IA) en el ámbito de las ventas ha transformado significativamente la interacción entre empresas y clientes, estableciendo nuevos estándares en la experiencia del cliente y redefiniendo las estrategias comerciales.

TRANSFORMACIÓN DE LAS VENTAS MEDIANTE LA IA

La IA ha revolucionado las ventas al automatizar tareas repetitivas, analizar grandes volúmenes de datos y ofrecer experiencias personalizadas. Esto permite a las empresas anticipar las necesidades de los clientes y responder de manera más efectiva.

Casos de Éxito Destacados:

- Amazon: La empresa ha lanzado una nueva serie de modelos de IA denominados "Nova", que permiten la generación de textos, imágenes y videos. Estos modelos buscan competir con las ofertas de empresas como Adobe y Meta, y responden a las necesidades de los desarrolladores que demandan mejor latencia, menores costos y la capacidad de hacer ajustes finos en sus aplicaciones.

- Zalando: La plataforma de moda en línea ha mejorado su probador virtual utilizando IA, permitiendo a los usuarios crear un avatar 3D preciso a partir de dos fotos. Esto facilita a los clientes probarse prendas de manera virtual desde casa, mejorando la satisfacción del cliente y optimizando el proceso de compra.

- Spotify y Netflix: Ambas plataformas utilizan IA para analizar comportamientos e intereses de los usuarios, ofreciendo recomendaciones personalizadas que mejoran la experiencia del cliente y aumentan la retención.

EVOLUCIÓN DE LAS EXPECTATIVAS DEL CLIENTE

Con la integración de la IA, los clientes esperan interacciones más rápidas, personalizadas y eficientes. La capacidad de las empresas para anticipar y satisfacer estas expectativas se ha convertido en un diferenciador clave en el mercado.
Impacto en el Comportamiento del Consumidor:

- Personalización: La IA permite a las empresas ofrecer experiencias únicas a cada cliente, basadas en sus intereses y necesidades individuales.

- Eficiencia en la Atención al Cliente: Los chatbots y asistentes virtuales, impulsados por IA, mejoran la capacidad de las empresas para atender a sus clientes de manera eficiente y rápida, proporcionando respuestas automáticas a preguntas frecuentes y resolviendo problemas comunes.

LA IA COMO NECESIDAD COMPETITIVA

En un mercado dinámico, la implementación de IA ya no es solo una ventaja competitiva, sino una necesidad para mantenerse relevante. Las empresas que no adopten estas tecnologías corren el riesgo de quedarse rezagadas.
Beneficios Clave:

- Automatización de Tareas: La IA elimina la carga de tareas repetitivas y tediosas, permitiendo a los equipos de ventas centrarse en estrategias y creatividad.

- Optimización de Procesos: La IA ayuda a las empresas a mejorar la eficiencia y la toma de decisiones, abordando desafíos éticos y optimizando los procesos empresariales.

CONCLUSIÓN

La integración de la IA en las ventas ha redefinido las dinámicas del mercado, elevando las expectativas de los clientes y estableciendo nuevos estándares de eficiencia y personalización. Para las empresas, adoptar la IA es esencial no solo para obtener una ventaja competitiva, sino para asegurar su relevancia y éxito continuos en un entorno empresarial en constante evolución.

REFLEXIÓN DEL CAPÍTULO

1. ¿Qué tendencia de las mencionadas crees que tendrá mayor impacto en tu industria?
2. ¿Qué pasos puedes tomar hoy para prepararte para estas tecnologías emergentes?

CAPÍTULO 10: CONCLUSIÓN: TU TRANSFORMACIÓN COMO LÍDER EN VENTAS

STORYTELLING: EL VIAJE DE TRANSFORMACIÓN DE JAVIER

Cuando Javier comenzó a explorar el mundo de la inteligencia artificial, se sentía intimidado. No entendía cómo una herramienta tecnológica podría integrarse en sus procesos de ventas tradicionales. Sin embargo, decidió dar el salto, comenzando con pequeñas implementaciones que mostraron resultados inmediatos. En pocos años, su equipo no solo había superado sus metas, sino que también se había convertido en un modelo de innovación dentro de la industria. Javier, que alguna vez dudó de la IA, ahora era un líder visionario reconocido por su habilidad para combinar tecnología y relaciones humanas.

REFLEXIÓN FINAL

A lo largo de este libro, hemos explorado cómo la inteligencia artificial está revolucionando las ventas. Desde entender sus fundamentos hasta implementar herramientas específicas, cada capítulo ha sido diseñado para ayudarte a transformar tu enfoque y a alcanzar un nuevo nivel de productividad.

La IA no es solo una tendencia pasajera; es una oportunidad para reinventar tu papel como vendedor, empresario o líder. Aprovecharla no significa abandonar tus habilidades tradicionales, sino potenciarlas con las herramientas adecuadas.

EL PODER TRANSFORMADOR DE LA INTELIGENCIA ARTIFICIAL EN VENTAS

A lo largo de este libro, hemos recorrido juntos un viaje que revela cómo la inteligencia artificial está cambiando profundamente la manera en que entendemos y realizamos las ventas. Desde los fundamentos hasta la implementación práctica de herramientas avanzadas, cada capítulo ha sido cuidadosamente diseñado para equiparte con el conocimiento y las estrategias necesarias para no solo adaptarte a esta nueva era, sino para liderarla con confianza y visión.

La IA no es una moda pasajera ni una herramienta opcional; es la clave para reinventarte como vendedor, empresario o líder. Es la fuerza que te permitirá trabajar más inteligentemente, conectarte de manera más profunda con tus clientes y obtener resultados que antes parecían inalcanzables. Sin embargo, no significa abandonar las habilidades tradicionales que te han llevado al éxito, como la empatía, la comunicación y la capacidad de construir relaciones sólidas. Por el contrario, la IA potencia estas habilidades, ofreciéndote más tiempo, datos y oportunidades para enfocarte en lo que realmente importa: el cliente.

Esta transformación no solo trata de tecnología, sino de mentalidad. Es un llamado a abrazar el cambio, a adoptar la innovación como una ventaja estratégica y a reimaginar lo que es posible en tu carrera y en tu negocio. La IA te desafía a evolucionar, no a reemplazar lo que eres, sino a amplificar lo que haces mejor.

El futuro de las ventas no es simplemente digital, es inteligente, personalizado y proactivo. Está liderado por aquellos que entienden que la tecnología no es el enemigo, sino el socio más poderoso que pueden tener. Ahora tienes en tus manos el conocimiento para convertirte en ese líder, en el profesional que no solo sigue las tendencias, sino que las define.

Tu próximo nivel no es un sueño, es una decisión. Aprovecha lo que has aprendido aquí, toma acción, y prepárate para redefinir tu éxito en un mundo donde la inteligencia artificial es más que una herramienta: es el motor que impulsa el futuro de las ventas. ¡El momento es ahora!

LOS PASOS HACIA EL ÉXITO

1. Comprensión: Ahora tienes un conocimiento sólido sobre qué es la IA y cómo funciona en el contexto de las ventas.
2. Estrategia: Aprendiste a identificar las áreas clave de tu proceso de ventas que pueden beneficiarse de la IA.
3. Herramientas: Descubriste tecnologías específicas para cada etapa del ciclo de ventas.
4. Implementación: Conociste un plan paso a paso para integrar estas soluciones de manera efectiva.
5. Preparación para el Futuro: Estás listo para adoptar nuevas tendencias y mantenerte a la vanguardia.

TU PRÓXIMO PASO

La clave para el éxito no está solo en aprender, sino en actuar. Aquí tienes algunas sugerencias para aplicar lo que aprendiste:
- Comienza Pequeño: Identifica una herramienta de IA que resuelva un problema específico y pruébala en un equipo pequeño.
- Evalúa Resultados: Mide el impacto de la herramienta en tus métricas clave y ajusta según sea necesario.
- Comparte el Conocimiento: Forma a tu equipo para que puedan aprovechar al máximo estas tecnologías.
- Construye una Cultura de Innovación: Fomenta la curiosidad y el aprendizaje continuo en tu equipo para estar siempre un paso adelante.

UN RECORDATORIO FINAL

La IA no reemplaza a los humanos; potencia su capacidad. Como líder en ventas, tu habilidad para construir relaciones, comunicarte con empatía y entender a tus clientes sigue siendo insustituible. La IA es tu aliada para hacer estas tareas más efectivas y eficientes.

EJERCICIO FINAL

1. Reflexiona sobre tu aprendizaje: ¿Qué concepto o herramienta mencionada en este libro implementarás primero?
2. Escribe un plan de acción con tres pasos concretos para comenzar tu transformación hoy mismo.

UN FUTURO PROMETEDOR

Este libro marca el inicio de un viaje hacia una nueva era en ventas. Tienes las herramientas, la estrategia y la mentalidad para liderar en este entorno cambiante. Ahora depende de ti dar el siguiente paso y transformar no solo tus procesos, sino también tu impacto como profesional.

¡Gracias por leer! Que este sea el comienzo de una historia de éxito impulsada por la innovación y la IA.
